Evangelische Pfarrgemeinde A.B. Braunau am Inn

Sende dein Licht

Zeit ohne Kirche

in schweren Tagen

allein, aber doch verbunden

im Gebet

der tägliche Abendsegen von Pfarrer Jan Lange

über WhatsApp

z. T. überarbeitet, mit Bildern und Hintergrundinformationen versehen

Bibliografische Information der Deutschen Nationalbibliothek:
Die Deutsche Nationalbibliothek verzeichnet diese Publikation in der
Deutschen Nationalbibliografie; detaillierte bibliografische Daten sind im
Internet über http://dnb.dnb.de abrufbar.

© 2020 Mag. Jan Lange

Evangelische Pfarrgemeinde A.B. Braunau am Inn
Kaiserschützenstraße 24, 5280 Braunau am Inn, Oberösterreich
www.evangbraunau.at

Covergestaltung: Jan Lange
Foto vorne: Ingrid Lange, Foto hinten: Christine Blum

Herstellung und Verlag: BoD – Books on Demand, Norderstedt

ISBN: 978-3-7519-0104-8

INHALT

Vorwort

Anfang 2020 überschlugen sich die Ereignisse. Aus dem fernen China, aus einer bis dahin uns unbekannten 11-Millionen-Metropole namens Wuhan kam ein neuartiges Virus nach Europa. Anfangs waren sich alle sicher, dass das eine kleine, uninteressante Infektion ist, die bald wieder vorbei sein wird. Doch dann breitete sich das Corona-Virus aus, mehrere starben und die Krankenhäuser in Norditalien kamen an ihre Grenzen.

In Österreich wurde quasi von einem Tag auf den anderen das Leben heruntergefahren. Ab Mitte März gab es keinen Unterricht mehr, keine Gottesdienste, die Läden schlossen (bis auf Supermärkte, Tankstellen, Banken und Post). Viele der von uns geplanten Veranstaltungen und besonderen Gottesdienste in der Pfarrgemeinde mussten abgesagt werden. Krankenhäuser und Seniorenheime durften nicht mehr besucht werden. Abstandhalten wurde zum Schlagwort und es galt nun als höflich, die Hand *nicht* zu geben.

So begann ich von zuhause aus meine „Schäfchen" anzurufen, blieb per E-Mail oder WhatsApp in Kontakt. Ein Rundbrief mit einer Vorlage für eine Hausandacht folgte. Noch während des Eintütens kam mir die Idee, einen täglichen Abendgruß per WhatsApp zu versenden. Mein Kollege Tom Stark aus Ried / Schärding versandte bereits täglich ein kurzes Morgengebet.

Ich lernte von ihm, wie man einen WhatsApp-Broadcast einrichtet. Ich setzte mich hin und plante die nächsten Tage, wann ich welche Bibelstelle betrachten möchte und begann die Gedanken aufzuschreiben. Am jeweiligen Tag nahm ich den Abendsegen am frühen Nachmittag mit der Diktiergeräte-App meines Handys auf. Da diese die Sprachnachricht aber im „m4a"-Format speichert (was auch immer das sein mag), brauchte ich noch eine weitere App, die dies ins allgemein abspielbare mp3-Format konvertierte.

Kurz vor 18.00 Uhr schließlich versendete ich den Abendsegen im eigenen Broadcast und noch in einigen meiner WhatsApp-Gruppen – wie z.B. den Konfirmanden und ihren Eltern, dem Chor und einigen mehr. Regelmäßige Gottesdienstteilnehmer ohne WhatsApp bekamen die Segen wöchentlich als kleines Heft zugeschickt.

Sehr gefreut habe ich mich über die zahlreichen Reaktionen: Neben einem einfachen „Danke, Jan!" gab es auch einige, die mit passenden Emojis antworteten. Zum Beispiel ein Augenpaar, daneben einige Berge: 👀 ⛰️ ⛰️ (Ps 121,1 „ich hebe meine Augen auf zu den Bergen").

Viele haben die Segen gemeinsam mit anderen gehört und/oder weitergeschickt. So dürften die Abendsegen jeweils mindestens 500 Menschen täglich erreicht haben. Aufgrund einiger Nachfragen habe ich nun dieses Buch zusammengestellt.

Für dieses Buch habe ich einige der Abendsegen etwas überarbeitet oder mit passenden Bildern ergänzt. Die Herkunft, bzw. kurze Beschreibungen, stehen jeweils dabei. Danke an dieser Stelle an alle, die mir ihre Fotos zur Verfügung gestellt haben! Und besonderen Dank an alle, die dieses Manuskript durchgesehen haben und hoffentlich alle Tippfuhler entdeckt haben!

Alle Abendsegen endeten mit diesem kleinen Segensgebet:

Ich wünsche uns eine gesegnete und geruhsame Nacht – und bitte bleibt gesund!

Der Segen des Vaters sei über uns wie ein schützendes Dach,

die Liebe Jesu Christi erhalte unsere Gemeinschaft

und die Kraft des Heiligen Geistes gebe uns Mut zum Leben.

Amen.

Das wünsche ich auch Euch, liebe Leserinnen und Leser!

Viele Grüße
Ihr / Euer Jan Lange

Lätare, 22.03.2020

Wenn das Weizenkorn nicht in die Erde fällt und erstirbt,
bleibt es allein; wenn es aber erstirbt,
bringt es viel Frucht.

Johannesevangelium 12,2
Wochenspruch für den Sonntag Lätare

In diesen Tagen sind viele von uns allein. Abgeschieden von der Welt. Wir sollen unsere Wohnungen möglichst nicht verlassen.
Im Fernsehen begegnen uns Bilder von hunderten Menschen, die täglich in italienischen Spitälern allein sterben.

Vor diesem Hintergrund verstört der Wochenspruch. Er klingt geradezu zynisch, zumindest aber heute deplatziert. Doch Jesus spricht hier von sich selbst. **Er** wird sterben – für uns. Aber er wird auch wieder auferstehen – ebenfalls für uns.

Wenn wir jetzt in dieser Zeit der Coronakrise Einsamkeit, Ängste, Leid und Tod erfahren, so will uns dieses Jesus-Wort Mut machen und Hoffnung wecken: Ja, das Virus wird uns noch eine Weile beschäftigen, aber letztendlich will Gott das Leben und steht uns bei – heute und jeden Tag.

Montag, 23.03.2020

HERR, du bist's allein,
du hast gemacht den Himmel und aller Himmel Himmel
mit ihrem ganzen Heer, die Erde und alles, was darauf ist,
die Meere und alles, was darinnen ist.

Nehemia 9,6 – Tageslosung für 23.03.2020

Die Versuchung liegt nahe, Gott die Schuld zu geben. Also: „Gott hat doch alles geschaffen – also auch das Virus!" Doch so ist es natürlich nicht gemeint.

Diese Worte sprechen die Israeliten nach der Rückkehr aus dem „Babylonischen Exil". Sie stehen da in Sack und Asche. Sie bekennen die kollektiven Verfehlungen – die eigenen ebenso wie die ihrer Vorfahren. Voller Ehrfurcht sehen sie auf Gott und seine Werke.

Künftig wollen sie sich nicht mehr über Gott und die Welt erheben, sondern begeben sich unter Gottes Führung. Sie wollen ihr Leben von nun an anders gestalten.

Auch wir stellen uns immer wieder über Gott und die Natur. Wir *regieren* nicht die Schöpfung, sondern beuten sie aus.

Wenn wir dazu angehalten sind, daheim zu bleiben, so finden wir vielleicht auch die Zeit, darüber nachzudenken, wie wir leben; wie wir miteinander leben und wie wir mit der Schöpfung umgehen. Vielleicht entdecken wir dabei Verbesserungsmöglichkeiten.

Gott hat alles geschaffen – auch uns! Gehen wir also gut damit und miteinander um.

Denn von all dem *leben* wir.

Das „Babylonische Exil"

Dies war eine einschneidende Epoche in der jüdischen Geschichte: Im Jahr 597 v. Chr. hatten die Babylonier Juda mit dessen Hauptstadt Jerusalem erobert, den Tempel zerstört und die Oberschicht deportiert. Das Exil (oder auch „Babylonische Gefangenschaft" genannt) endetet mit der Eroberung Babyloniens durch den Perserkönig Kyrus II. 539 v. Chr.
Normalerweise hatten unterlegene Völker fortan die Götter der Sieger verehrt. Die Judäer aber begannen einen Monotheismus und sahen im Sieg der Babylonier ein Werkzeug Gottes zur Bestrafung seines Volkes wegen dessen Ungehorsam gegenüber Gottes Geboten.
Im Exil und in der Zeit danach entstanden die meisten Bücher des Alten Testaments bzw. deren Überarbeitungen. Damit wurden aus den Judäern die Juden.

Dienstag, 24.03.2020

Sende dein Licht und deine Wahrheit, dass sie mich leiten
und bringen zu deinem heiligen Berg
und zu deiner Wohnung.

Psalm 43,3

Etwa zwei Monate vor meiner Konfirmation teilte unser Pastor ein DIN A3-Papier aus. Beidseitig kopiert. Voll mit Bibelstellen. Es ging um unsere Konfirmationssprüche.
Ich hatte das Blatt überflogen und war entsetzt. Es waren nur Worte wie „Meine Seele dürstet nach Gott", „Ich bin klein, dumm und böse, Herr, errette mich" oder „Liebe Gott, egal was dir passiert".

Ich bastelte aus dem Blatt ein Papierschiffchen und begab mich auf eine eigene Suche.
Weit musste ich nicht gehen: Im Regal stand die alte Bibel meines Großvaters und auf der ersten Seite sein eigener Konfirmationsspruch.

„Sende dein Licht!" Ich musste an unseren Leuchtturm denken, unten an der Elbe, am Wittenbergener Strand. Ja, so wünschte ich mir Gott. Wie einen Leuchtturm, der immer da ist und mir leuchtet und Sicherheit gibt – auch dann, wenn ich vorbeifahren will. Das war ein Satz wie für mich geschrieben. Ich blickte auf das Papierschiffchen voll mit Bibelstellen.
Vielleicht würde ich irgendwann mal diese Sprüche in einem anderen Licht sehen.

Seit dem sind nun einige Jahre vergangen. Das Papierschiffchen ist längst den Weg alles Irdischen gegangen. Mit vielen der Sprüche habe ich mich inzwischen versöhnt. Um andere schiffe ich nach wie vor herum.

In all der Zeit aber hat mich mein Spruch begleitet. Und nach wie vor steht er da, dieser „Leuchtturm-Gott".

Er steht für uns alle da.

„Sende dein Licht!", können wir immer wieder zu ihm rufen. „Wirf etwas von deinem Licht ins Dunkel! Zeige mir mehr von deiner Wahrheit! Gerade jetzt, in dieser Zeit voller Unruhe!"

Natürlich ertappe ich mich manchmal dabei, dass ich selbst dieses Licht auch mal ignoriere oder in Gedanken dem Licht eine andere Farbe, eine andere Wellenlänge verpasse, die mir besser gefällt.

Dennoch habe ich Vertrauen darauf, dass das Licht, das bei mir ankommt, und die Wahrheit, die ich verstehe, mich tatsächlich zu seinem heiligen Berg und zu seiner Wohnung bringen.

In meinen Träumen höre ich dann jenes Stückchen Wahrheit und sehe das Licht in der Farbe, die zu mir sagt: „Was hast du? Du bist doch längst da!"

1 Leuchtturm am Wittenbergener Strand, Unterfeuer, Baujahr 1900 (Foto: Ingrid Lange)

Mittwoch, 25.03.2020

Heuer hätte die evangelische Kirche in Braunau Gastgeberin der „Langen Nacht der Kirchen" sein sollen. Diese österreichweite ökumenische Aktion ist für dieses Jahr wegen Corona abgesagt. Das Motto aus dem 104. Psalm aber möchte ich heute Abend betrachten:

Du sendest Finsternis und es wird NACHT,
dann regen sich alle Tiere des Waldes.

Psalm 104,20

Dieser Psalm gehört zu den „Schöpfungspsalmen" - einige Ausschnitte daraus beten wir zu Erntedank.
Der Mensch vor etwa 2500 Jahren bewundert die Welt. Er versteht die Zusammenhänge nicht von Himmel, Erde, Luft und Meer, aber er spürt, dass alles irgendeiner Ordnung folgt. In prächtigen Bildern und voller Ehrfurcht dankt er Gott dafür.

Inzwischen hat der Mensch die Naturgesetze entdeckt. Mit der Physik, Astronomie, Geologie, Meteorologie, Chemie, Biologie usw. kann er einiges ergründen und erklären. Und doch bin ich immer wieder fasziniert vom Sternenhimmel, vom Sonnenuntergang am Meer oder von einem Regenbogen.

Der Psalm aber spricht auch von den Gefahren der Welt. Das Meer, die Finsternis, der dunkle Wald, die Nacht. Sie waren dem Menschen unheimlich. Und doch haben auch diese gottfernen Elemente ihren Platz in der Natur: *Du sendest Finsternis und es wird NACHT, dann regen sich alle Tiere des Waldes.*

Drastischer ist es im folgenden Vers formuliert: *Die jungen Löwen, die da brüllen nach Raub und ihre Speise fordern von Gott. (Ps 104,21)*

Auch wir erleben momentan eine Nacht um uns herum. Wir trauen uns kaum vor die Tür. Draußen sind zwar keine brüllenden Löwen oder wilden Tiere. Dafür aber ein Virus. Unsichtbar und lautlos. Und wer davon infiziert wird, merkt es erst einige Tage später.

Diese Nacht dauert nun schon 1 ½ Wochen. Irgendwie kommt es mir aber schon länger vor. Und wann diese Nacht endet, ist noch nicht abzusehen. Bestimmt aber dauert sie noch bis Ende April, vielleicht auch länger.

Doch schon der nächste Vers im Psalm macht wieder Mut: *Wenn aber die Sonne aufgeht, heben sich die Tiere davon und legen sich in ihre Höhlen. Dann geht der Mensch hinaus... (Ps 104,22-23a)*

Ich bin mir sicher, wenn die Coronakrise überwunden ist, dass mich jeder Sonnenaufgang daran erinnert und mir Hoffnung, Freude und Zuversicht schenkt.

Donnerstag, 26.03.2020

Steh auf und geh! – Dies war das Motto des heurigen Weltgebetstags. Entlehnt wurde es der Geschichte vom lahmen Mann aus dem 5. Kapitel des Johannesevangeliums.

Am Teich Bethesda sind fünf Hallen mit kranken Menschen, die auf Heilung hoffen. Immer dann, wenn sich das Wasser bewegt, stürmen sie hinein, um wieder gesund zu werden. Der Name Bethesda lautet übersetzt „Haus der Barmherzigkeit".

Ein Mann aber liegt dort schon seit 38 Jahren. Er hat niemanden, der ihm hilft, ins Wasser zu steigen.

In den Spitälern in Italien liegen viele Corona-Patienten, denen nicht mehr geholfen werden kann: Die Ärzte müssen schon aussortieren, wer eine Chance bekommt und wer nicht. Die Befürchtungen sind da, dass dies bald auch in Spanien und Großbritannien der Fall sein wird.

Sterbende Menschen sehen, wie andere das notwendige Beatmungsgerät bekommen, sie selbst aber nicht. So wie der Mann am Teich Bethesda zusehen muss, wie andere in den Teich steigen und gesund werden, er aber hier liegen bleiben muss.

Eine grauenvolle Vorstellung und ich hoffe, dass die strengen Maßnahmen hier in Österreich uns davor bewahren.

Weil der Mensch am Teich niemanden hatte, wird er von Jesus geheilt: *Steh auf und geh!*

Ich wünsche Euch, dass Jesus zu Euch sagt:
„Setz Dich hin und bleib zu Hause – denn Du hast Menschen, die Dich versorgen!"

Bethesda (Haus der Barmherzigkeit)

Archäologisch ist diese Beschreibung etwas umstritten: Es gab bereits im 1. Jhd. vor Chr. hier zwei Teiche, von denen einer als „Schafteich" bezeichnet wurde und da er nahe des „Schaftors" in der Nähe des Tempels lag, ist anzunehmen, dass hier die Opfertiere auf dem Weg zum Tempel gewaschen wurden. Heilbäder sind erst für die Zeit nach der Zerstörung des Tempels (70. n. Chr. durch die Römer) archäologisch belegt – als Äskulap / Serapis-Heiligtum. Es gibt auch Votivtafeln von Menschen, die hier Heilung erfahren haben.
Dem Evangelisten Johannes aber geht es nicht um Historizität, sondern um die Barmherzigkeit Jesu, auf die Heilung durch Jesu Wort, auf die Heilung an einem Sabbat. Um die Zuwendung Gottes an jene, die „keinen Menschen" haben, sondern ganz auf die Barmherzigkeit Gottes angewiesen sind.

Freitag, 27.03.2020

Wer seine Hand an den Pflug legt und sieht zurück,
der ist nicht geschickt für das Reich Gottes.

Lukas 9,62 – Wochenspruch für den Sonntag Okuli
(15.03.2020)

Es ist ein harter Satz, den Jesus hier spricht. Beim Pflügen wurden meist zwei Ochsen, manchmal auch Esel, vor den hölzernen Pflug eingespannt, der Bauer stand dahinter und zog (oder besser: er schob) seine Linien auf dem Acker. Wo der Einsatz von Tieren nicht möglich war, musste alles von Hand geschehen. Immer parallel zur vorhergehenden Furche. Immer vorne auf einen Punkt fixiert. Da will er hin. Wer sich bei dieser Arbeit umdreht, pflügt automatisch Schlangenlinien, alles wird schief und krumm, für die Saat und Ernte nicht zu gebrauchen.

Genauso also sollen wir konzentriert am Reich Gottes arbeiten, kein Blick zurück oder zur Seite, sonst sind wir Versager.

Ich habe diese Vorstellung nie gemocht. Zum Glauben gehören Zweifel, zum Ernst gehört auch die Feier. Zur Arbeit der Sabbat. Zum Dienst der Urlaub. Erst jetzt, in dieser Zeit der Corona-Isolation, verstehe ich diesen Satz. Ich sehe in den Nachrichten die Bilder aus Italien von vielen Toten, die gerettet hätten werden können, wenn frühzeitig der Ernst der Lage erkannt worden wäre. Ich sehe einen amerikanischen Präsidenten, der heute dies sagt, morgen das, und offenbar nicht weiß, welchen Acker er gerade bearbeitet.

Aber ich sehe auch die Zahlen von Österreich. Beunruhigend, aber irgendwie auch hoffnungsvoll. Okuli war der erste Sonntag, an dem wir keine Gottesdienste mehr gefeiert haben. Lassen wir also die Hand am Pflug, bleiben wir zuhause, und freuen uns auf die Ernte, nämlich dass wir möglichst bald wieder draußen das Leben genießen und miteinander feiern können.

Lockdown Teil 1

Mitte März wurden die Schulen geschlossen – zunächst bis zum 3. April, also dem Beginn der Osterferien. Die Schüler wurden über unterschiedliche Medien (MS Teams, WebUntis Messenger, E-Mail, WhatsApp oder per Post mit „Wiederholungsstoff" versorgt.
Ebenso mussten alle Geschäfte (außer für die wichtigen täglichen Besorgungen) und die Gastronomie schließen.
Abstandwahren und das Haus nur aus vier Gründen verlassen: 1. um zur Arbeit zu gehen, 2. zum Einkauf, 3. um andere Menschen zu unterstützen und 4. um sich die Beine zu vertreten – sofern wir niemanden zu nahe kommen.
Firmen schickten ihre Mitarbeiterschaft ins „Home-Office", andere wurden in den Urlaub geschickt.
Manche begannen einen „Mund-Nasen-Schutz" zu tragen, wie wir es sonst nur von fernöstlichen Touristen kennen. Da diese Gesichtsbinden schnell ausverkauft waren, gab es bald in Zeitungen und im Internet Schnittmuster und so haben viele ihre Masken selbst genäht.

Samstag, 28.03.2020

Ich will dich nicht verlassen noch von dir weichen.

Josua 1,5b

Nach dem Tod Moses wird sein Mitarbeiter Josua von Gott zum Nachfolger ernannt. Josua trägt nun die Verantwortung für das Volk Israel. Er soll die Menschenmassen in das versprochene Land führen, das Land verteilen, Streitereien schlichten, die Wirtschaft aufbauen... was auch immer vor ihm liegt, er, Josua, soll es richten.

In diesen Tagen sind viele von uns mit neuen Aufgaben betraut. Eltern gehen mit ihren Schulkindern gemeinsam den Unterrichtsstoff durch. Oder sie versorgen ihre Eltern, die das Haus nicht verlassen sollen. Manche übernehmen auch die Pflege oder kaufen für die Nachbarn ein. Und das alles neben dem „Home-Office".

Die Israeliten hatten Mose arg zugesetzt. Er machte, doch sie murrten. Er strengte sich an, sie schimpften. Er packte an, sie kritisierten. Josua wird es gewiss nicht leicht haben.

Wie ergeht es Euch? Wachsen Euch die Aufgaben über den Kopf?

Josua schöpfte Kraft aus Gottes Zusage: *Ich will dich nicht verlassen noch von dir weichen.*

Ebenso steht Gott **uns** bei. Bei unseren Tätigkeiten. Bei unseren Anstrengungen. Beim Lachen und Weinen.

An dieser Stelle also ein ganz großes „Danke" an alle, die Ihr Euch jetzt gerade daheim um Eure Familien und Nachbarn kümmert!

Lockdown Teil 2

Ab 1. April wurde es Pflicht, einen „Mund-Nasen-Schutz" in den Geschäften zu tragen. Dieser wurde von den Supermärkten ausgegeben. Erst gratis, dann hatten einige begonnen, jeweils 1,- Euro dafür zu verlangen. Glücklich, wer bereits einen selbstgenähten sein eigen wusste.
Für Brillenträger gab es ein lustiges physikalisches Phänomen zu beobachten: Kaum wird die Maske aufgesetzt, schnellen von irgendwoher Nebelschwaden herbei und hüllen die Welt in ein Weißgrau.

Für den Innenbereich wurden auch „Visiere" hergestellt. Auch hier der Self-Made-Bastel-Tipp: Von einem Schnellhefter die Vorderseite abschneiden. Von der Rückseite einen Streifen und diesen an beiden Seiten des Vorderteils antackern. Sieht dämlich aus, aber der Nebel drängt sich nicht auf.

Manche Gastronomen haben den Lieferservice für sich entdeckt – sofern sie entsprechende Behältnisse auftreiben konnten. Irgendeinen Haken musste es ja geben.

Judika, 29.03.2020

Ich will dich segnen und du sollst ein Segen sein.

Genesis 12,2

Gott spricht zu Abraham. Er soll die Geborgenheit seiner Sippe verlassen und einen langen Weg in ein fernes Land antreten. Er hört den Segenszuspruch, er hört von vielen Nachkommen.
Heute berufen sich Juden, Christen und Muslime gleichermaßen auf Abraham als Stammvater. Viele Nachkommen also. Er erfuhr auch den Segen Gottes.
Der Satz „Du sollst ein Segen sein" ist aber kein Geschenk, sondern ein Auftrag. Abraham soll den Segen Gottes an andere weitergeben.

Heute denke ich besonders an all jene, die in den Krankenhäusern, Ordinationen und Apotheken ihren Dienst versehen. In der Pflege, im Rettungswagen, beim Roten Kreuz, Polizei, Feuerwehr. Im Supermarkt, bei der Post, bei der Bank. Beim Lieferservice und alle anderen, die jetzt für uns unterwegs sind.
Viele von ihnen wären vielleicht auch lieber daheim in der Sicherheit der Familie. Doch sie sind herausgerufen und herausgefordert.

Ein sichtbarer oder auch unsichtbarer Mensch, der uns ein Segen ist. Wir meinen manchmal, das sei ganz normal und nichts Besonderes. Doch gerade jetzt erkennen wir, wie wichtig diese Menschen sind. Dafür ein großes „Dankeschön" an dieser Stelle!

Mein Wunsch ist, dass diese Dankbarkeit und vor allem der Respekt auch anhalten werden. Immer wieder kam es in den vergangenen Jahren zu Pöbeleien. Rettungskräfte wurden beim Einsatz angegriffen oder durch Gaffer behindert. Ein Rettungshubschrauber im Einsatz wurde gar von einem aufmerksamen Passanten angezeigt, weil dieser mitten im Halteverbot gelandet war ...

In diesen Tagen wird fleißig für das medizinische Personal geklatscht, weil sie für uns ein Segen sind. Was ihre Bezahlung und die Arbeitsbedingungen jedoch betrifft, sollten wir dafür sorgen, dass auch sie einen gewissen Segen empfangen.

Ich will dich segnen und du sollst ein Segen sein.
Gehen wir also den Weg durch diese schwere Zeit mit dem Segen Gottes gestärkt – und mit der Aussicht, dass wir selbst für andere zum Segen werden können.

Montag, 30.03.2020

Gott hat seinen Engeln befohlen,
dass sie dich behüten auf allen deinen Wegen.

Psalm 91,11

Einer der beliebtesten Taufsprüche. Es ist schön zu wissen, dass es da Wesen gibt, die auf uns aufpassen, damit uns nichts Schlimmes passiert.

Wenn wir uns einen Engel vorstellen, dann ist es meist eine weiß gewandete Gestalt mit Flügeln und Heiligenschein.

Doch das Wort „Engel" meint eigentlich erst einmal nur „Bote" – und ein Bote Gottes benötigt keine Flügel, viele sind auch nicht unsichtbar oder zumindest weiß gekleidet. Ja, viele dieser Boten wissen nicht einmal, dass sie Engel Gottes sind.

Wir alle können und sollen zu solchen Engeln werden. Nicht erst nach unserem Tod, sondern im Hier und Jetzt: Wenn wir einander beistehen, andere versorgen, anderen zu Hilfe eilen. Wir sind einander anbefohlen.

Aber wir können auch Engeln begegnen. Der nächste Engel ist vielleicht gar nicht weit weg. Schaut Euch einmal um. Der Mensch neben oder vor Euch. Vielleicht erkennt Ihr ja auch jetzt dessen Heiligenschein …

Dienstag, 31.03.2020

Sammle meine Tränen in deinem Krug;
ohne Zweifel, du zählst sie.

Psalm 56,9

Wikipedia bezeichnet eine Träne nüchtern als „salzhaltige Körperflüssigkeit, die die Tränendrüsen von Menschen und Säugetieren ständig absondern. Sie dienen der Reinigung des Bindehautsacks und der Befeuchtung und Ernährung der Hornhaut."

Tränen bieten also Schutz für das Auge – doch sie sind auch Ausdruck unserer Seele.

Wir weinen, wenn wir traurig sind oder erschöpft.
Wir weinen, wenn wir krank sind, Schmerzen haben oder als allergische Reaktion.
Wir weinen, wenn wir lachen.
Wir weinen vor Rührung – wenn ein schöner Moment im Film läuft oder wenn wir gelobt werden.

Tränen aus verschiedenen Anlässen. All diese sammelt Gott in seinen Krug. Ich stelle mir dabei einen ganz großen Glaskrug vor. Und wenn ich hineinblicke, sehe ich eine Reflexion meines Lebens. Die glücklichen Momente genauso wie die traurigen.

Vielleicht können wir sie nur in der Zusammenschau richtig einordnen. Warum war das damals so? Was hat das mit mir gemacht? Wie ist es mir danach und damit ergangen?

Ich finde es tröstlich und schön, dass keine unserer Tränen verloren geht oder vergebens geweint wurde. Sie sind alle gezählt und damit in Gottes Augen sehr wertvoll.

Momentan sind wir alle angespannt und verunsichert. Vielleicht fließen jetzt auch mehr Tränen als sonst. Weil wir allein sind oder aber weil wir via Skype mit Freunden lustige Spiele spielen.

Steht ruhig dazu und stellt Euch diesen großen Krug vor, der all die Tränen auffängt. Und schätzt einmal, wie viele es schon sind...

Wer am dichtesten dran ist, hat gewonnen ☺

2 Krug mit "Tränen"
(Foto: Jan Lange)

Bei einer ökumenischen Trauerandacht im Krankenhaus Braunau hatten wir die Angehörigen eingeladen, eine Glasmurmel zu nehmen und an die Verstorbenen zu denken:

Wo haben wir gemeinsam gelacht oder geweint. Diese „Tränen" wurden dann in einen Glaskrug gegeben.

Keine Träne ist bei Gott umsonst oder unbemerkt geweint!

Mittwoch, 01.04.2020

Was ihr getan habt einem von diesen meinen geringsten Geschwistern, das habt ihr mir getan.

Matthäusevangelium 25,40

Von katholischer Seite höre ich immer wieder: „Ihr Evangelischen verehrt gar nicht Maria und die Heiligen!" Nun, das ist so nicht richtig. Wir rufen sie nicht an, sie sind keine Fürsprecher. Wir wenden uns direkt an Gott. Aber wir verehren die Heiligen sehr wohl. Sie sind Vorbilder im Glauben. Einige haben auch ihren festen Platz in unserem „Liturgischen Kalender" – immer mit der Empfehlung, falls deren Gedenktag auf einen Sonntag fällt, diesen zu feiern. Und es gibt auch moderne evangelische Heilige – sie werden nicht von irgendwem „heiliggesprochen". Wer als „heilig" gilt, ist eher Verabredungssache. Einige von ihnen sind aber im offiziellen „Namenkalender" mit ihrem Gedenktag aufgeführt.

Eine von ihnen ist Amalie Sieveking. Sie hat heute ihren Gedenktag. Geboren am 25. Juli 1794 in Hamburg, gestorben ebenda, eben am 1. April 1859.
Nach dem frühen Tod ihrer Eltern wuchs sie bei einer reichen verwitweten Verwandten auf. Sie gründete eine Mädchenschule und unterrichtete jeden Sonntag in einem Armenhaus. Daneben veröffentlichte sie theologische Schriften.

1831 brach in Hamburg zum ersten Mal die Cholera aus. Sie hatte ihren Ursprung in Indien und zog in nicht einmal zwei

Jahren über Russland nach Europa. Die Regierungen versuchten durch Quarantäne, Einreisebeschränkungen und Hygienemaßnahmen die Situation in den Griff zu bekommen. Kommt Euch das irgendwie bekannt vor?

Amalie Sieveking arbeitete freiwillig als Krankenpflegerin; rief mehrere Frauen ihres Standes auf, sich ihr anzuschließen und gründete mit ihnen den „Weiblichen Verein für Armen- und Krankenpflege" – damit gilt sie als eine der Gründerinnen der organisierten Diakonie in Deutschland.

Amalie Sieveking war eine „Täterin des Wortes". Daneben vergab sie auch Stipendien an Theologiestudierende. Einer davon war übrigens Johann Hinrich Wichern, der Erfinder des Adventskranzes und ebenfalls einer der Gründer der Diakonie.

Was ihr getan habt einem von diesen meinen geringsten Geschwistern, das habt ihr mir getan.

Heilige wie sie brauchen wir auch heute. Vorbilder, die uns in Zeiten wie diesen ermutigen, es ihr gleich zu tun – oder zumindest zu versuchen, den Krankenhäusern keine zusätzliche Arbeit zu werden ...

3 Amalie Sieveking, Gemälde von Hans Heinrich Porth, 1841 (Quelle: Wikipedia)

Donnerstag, 02.04.2020

Tod, wo ist dein Sieg? Tod, wo ist dein Stachel?

1. Korintherbrief 15,55

Für heute wäre der ökumenische Ostergottesdienst für und in der HTL Braunau geplant gewesen. Ich hätte diesen Text als Grundlage genommen und ihn mit einem – zugegebenermaßen etwas unanständigen – Zaubertrick gewürzt. Für HTL-Schüler eben gedacht …

Der Apostel Paulus schreibt an die Korinther in ihrer Angst und Sorge, was nach dem Tod sein würde. Er spricht von der Auferstehung und macht sich dabei mit diesen Worten über den Tod lustig. Er zieht das, wovor sich die Korinther fürchteten ins Lächerliche, um ihm so seinen Schrecken zu nehmen.

Martin Luther fürchtete sich vor dem leibhaftigen Teufel und gibt daher allen den Rat, ihn zu verlachen und zu verspotten, denn das möge der Teufel nicht und würde sich von dannen machen.

Heute schreckt uns am meisten das Corona-Virus. Wir sehen die Bilder von überfüllten Krankenhäusern, den unwürdigen Bestattungen und hören die Zahlen von Infektionen, Sterbefällen – aber Gott sei Dank auch von immer mehr Genesenen.

Auch über das Corona-Virus und die Quarantänemaßnahmen schwirren bereits viele Witze durch das Netz, werden per WhatsApp geteilt oder auf Facebook gestellt.

Corona, wo ist dein Sieg? Corona, wo ist dein Stachel?
Es ist noch zu früh, um sich darüber zu erheben. Viel zu viele spüren den Stachel, viel zu viele verlieren ihren Überlebenskampf gegen Covid-19.

Aber doch macht mir das Pauluswort Mut. Letztendlich gibt es jemanden, der stärker ist. Jemanden, der uns herausruft aus allen Ängsten und Sorgen. Jemanden, der den Tod überwunden hat und uns zum Leben befreit. Jemanden, der uns ermutigt, auch im Angesicht dieser Gefahr losgelöst zu lachen und uns an den Witzen zu erfreuen.

4 HTL-Ostergottesdienst (Foto: HTL Braunau).

Freitag, 03.04.2020

Du bist mein Fels und meine Burg.

Psalm 31,4

Der Vergleich Gottes mit einer Burg kommt ein paar Mal in der Bibel vor und hat Martin Luther bei seiner Vertonung von Psalm 46 inspiriert: „Ein feste Burg ist unser Gott."
Er dachte dabei an die Wartburg bei Eisenach in Thüringen, wo er wenige Jahre zuvor versteckt lebte, um vor den Häschern von Papst und Kaiser in Sicherheit zu sein.

Burgen bieten Schutz vor den Gefahren da draußen. Aber sie können auch wie große Gefängnisse wirken. Muffige dunkle Räume, zugige Fenster ohne Glas, nur mit Holzladen notdürftig geschlossen. Die alten Burgen des Mittelalters waren kalt, nass und stanken furchtbar – völlig anders als wir sie aus den Hollywoodfilmen kennen.
Nicht viel besser stand es um die Burgen in der Antike.

My Home is my Castle – unsere Burgen daheim sind wesentlich komfortabler. Wenn wir zuhause bleiben, schützen wir uns und die anderen. So lautet zumindest die Zeile am unteren Bildschirmrand im Fernsehen. Helle Räume, Wärme, Fernsehen, Internet, Streaming, Telefon, fließendes warmes und kaltes Wasser, ein Kühlschrank voll Bier und was man sonst noch so zum Essen braucht.

Du bist mein Fels und meine Burg. Der Psalmvers bekommt eine ganz neue Aktualität. Wir dürfen uns bei Gott geborgen wissen. Auf einem festen Grund (dem Felsen) und in einem sicheren Zuhause (der Burg).

Und doch denke ich auch an all jene, die in Mietwohnungen wohnen und aufgrund der Coronakrise ihren Arbeitsplatz verloren haben oder auf Kurzarbeit gestellt sind. Was ist, wenn sie die Miete nicht mehr bezahlen können – auch nach der Krise, falls sie nicht wieder eingestellt werden? Sie erleben gerade, dass der Fels, auf dem ihr Leben gebaut ist, brüchig wird; und die Burg, in der sie leben, Risse bekommt.

Du bist mein Fels und meine Burg.

Die Aufgabe der Burgvögte und Grafen im Mittelalter war es, als Schutzherren für die Bevölkerung rings um die Burg da zu sein und sie zu beschützen.

Als Martin Luther sah, wie seine Anhänger von einem radikalen Flügel der Reformation verunsichert wurden, gab er den Schutz der Wartburg auf, eilte hinab und ordnete die Verhältnisse.

Eine Burg ist nicht nur ein Privileg, sondern auch eine Verpflichtung. Wir vertrauen auf Gott als unsere „feste Burg" – genauso sind wir dann aber auch in der Pflicht, nach der Krise aufeinander zu schauen und für deren Opfer einzustehen.

Samstag, 04.04.2020

Gott sah an alles, was er gemacht hatte,
und siehe, es war sehr gut.

Genesis 1,31

Vielleicht ist es nur eine Legende. Aber sie gefällt mir sehr gut. Besonders in diesen Zeiten. Es war demnach irgendwann in den 1890er Jahren. Im Münchener Luitpold-Gymnasium.

Der Lehrer kommt in die Klasse, stellt sich hin und sagt zu den Schülern: „Heute werde ich euch beweisen, dass Gott, wenn es ihn gibt, böse ist."

Stille. Die Worte haben gesessen. Der Lehrer kostet den Moment aus und insgeheim erfreut er sich an den ungläubigen Augen, dem Stirnrunzeln, den Fragezeichen auf ihren Gesichtern. Er holt einmal tief Luft und verkündet: „Hat Gott alles, was existiert, erschaffen?" Er macht eine kurze Pause und triumphiert: „Wenn Gott alles erschaffen hat, dann hat er auch das Böse geschaffen. Das bedeutet, Gott ist böse."

Es ist still im Klassenzimmer. Doch dann steht einer der Schüler auf und fragt: „Herr Professor, existiert Kälte?"

„Was für eine Frage soll das sein?" entgegnet entrüstet der Lehrer und wendet sich an die ganze Klasse, „natürlich existiert die Kälte! War euch noch nie kalt?"

Der Junge protestiert: „Nein, in der Tat, Herr Professor, die Kälte existiert nicht. Nach den Gesetzen der Physik ist das, was wir als kalt empfinden nur das Fehlen von Wärme. Und existiert Dunkelheit, Herr Professor?"

„Selbstverständlich existiert sie," entgegnet der Lehrer.

„Eben nicht," sagt der Junge, „sie ist nur das Fehlen von Licht. Wir können das Licht messen, aber die Dunkelheit nicht. Das Böse existiert nicht, genau wie die Kälte und die Dunkelheit. Gott hat das Böse nicht geschaffen. Es ist das Ergebnis dessen, was Gottes Hand noch nicht berührt hat."

Der Junge war übrigens Albert Einstein.

5 Albert Einstein als Jugendlicher 1893 (Quelle: Wikipedia, Autor unbekannt)

Wir sollen zwar soziale Kontakte meiden und zueinander einen Sicherheitsabstand von mindestens einem Meter halten, aber dennoch wünsche ich uns allen, dass Gottes Hand auch uns berührt... und dass wir durch das Fenster hindurch, auf dem Balkon, im Garten oder auf dem Weg zum Einkauf die Natur bewundern. Denn: *Gott sah an alles, was er gemacht hatte, und siehe, es war sehr gut.*

Palmsonntag, 05.04.2020

*Wie Jesus auf einem Esel in die Stadt Jerusalem hereinritt,
kam eine sehr große Menschenmenge
und breitete ihre Kleider auf den Weg;
andere hieben Zweige von den Palmen
und streuten sie auf den Weg.
Das Volk aber, das ihm voranging und nachfolgte,
schrie und sprach: Hosianna dem Sohn Davids!
Gelobt sei, der da kommt in dem Namen des Herrn!
Hosianna in der Höhe!*

Matthäusevangelium 21,8-9

Heute ist Palmsonntag. Jesus betritt die Hauptstadt Jerusalem, die sich in den Vorbereitungen für das Passahfest befindet. Er wird von den Menschenmassen auf für uns heute befremdliche Art und Weise begrüßt: Mit Palmenzweigen und dem Ruf „Hosianna!" Letzteres ist hebräisch und bedeutet so viel wie „Herr, erbarme dich!" – so wurde nur Gott angesprochen, so rufen wir ihn auch heute noch in unseren Gottesdiensten an. Die Palmzweige wiederum waren ein Symbol für den Herrscher. Jesus wird in dieser Geschichte also als König und Gott begrüßt. Er selbst aber reitet nicht etwa auf einem edlen Ross daher, wie es Könige zu tun pflegten, so wie heute im Mercedes oder etwas Besserem. Er nimmt einen Esel, genauer gesagt eine Eselin mit ihrem Jungtier, so wie es sich der Prophet Sacharja für einen guten Herrscher erträumte.

Wie würden wir heute Jesus willkommen heißen? Es herrscht Versammlungsverbot. Mindestens 1 m Abstand ist zu halten und nun ist auch das Tragen eines Mund-Nasen-Schutzes vorgeschrieben, sodass ein lauter Jubel ohnehin nicht möglich wäre.

Inzwischen haben sich mehrere schöne Rituale entwickelt. Wo mehrere Wohnungen beieinander liegen, prosten sich einige zu einer bestimmten Uhrzeit zu oder machen jede/r für sich aber doch gemeinsam ein paar Turnübungen auf dem Balkon. Andere applaudieren für diejenigen, die in den Krankenhäusern ihren Dienst versehen. Oder das tägliche Vaterunser-Beten um 20:00 Uhr mit einer Kerze im Fenster.

Und mitten in diese Welt im Stillstand, in Schockstarre, in Hoffnung und Gebet reitet er herein. Bescheiden und unaufgeregt. Sanftmütig aber doch mit einer klaren Ansage: Ich bin da. Ich bin für Euch da. Ich komme zu Euch. Wir brauchen keine Palmwedel oder lautes Rufen. Aber vielleicht ein hörendes Herz und eine helfende Hand, die wir anderen – wenn auch im übertragenden Sinne – reichen. Ich kann mir vorstellen, dass sich Jesus heute über einen *solchen* Empfang sehr freuen würde.

Montag, 06.04.2020
Gott sprach zu Mose aus dem brennenden Dornbusch:
Ich werde sein, der ich sein werde.

Exodus 3,14

Eine Gottesbegegnung ganz anderer Art. Ein Dornenbusch, der brennt, aber doch nicht *ver*brennt. Eine Stimme, wo doch die anderen Gottheiten nur durch den Mund von speziellen Priestern reden. Eine Audienz, um die Mose nicht angesucht hat, sondern eine, die ihm zuteilwird. Und ein Gottesname, der so ganz anders ist als der anderer Götter.

Ich werde sein, der ich sein werde. Wir können auch übersetzten *Ich bin, der ich bin* oder *Ich bin da*.

Dieser Gott ist nicht weit weg, sondern mit uns auf dem Weg. Dieser Gott benötigt auch keinen Tempel, Kirche oder sonst einen besonderen Ort als Wohnung. An Gott können wir uns auch daheim wenden. Eine Kirche ist für uns auch lediglich ein geeigneter Raum, um uns gemeinsam auf die Begegnung mit Gott *einzulassen*. Ein Raum, wo alles bereit liegt, was wir für einen Gottesdienst benötigen und wo niemand zwischendurch stört. Wenn jetzt also die Kirchen geschlossen sind, ist Gott nicht da drin eingesperrt oder für mich unerreichbar, sondern mitten unter uns. *Er ist da.* Er wohnt bei uns und steht uns bei. Heute, Morgen und jeden Tag!

Dienstag, 07.04.2020

Jesus spricht: Ich bin die Tür;
wenn jemand durch mich hineingeht,
wird er selig werden und wird ein und aus gehen
und Weide finden.

Johannesevangelium 10,9

Ich bin — so hat Gott von sich gesprochen. Damals im brennenden Dornbusch zu Mose. Jesus nimmt diese Selbstbezeichnung auf. Das Johannesevangelium kennt sieben solcher „Ich bin"-Worte, die ich heute und an den folgenden Tagen rund um Ostern betrachten möchte.
Heute also *Ich bin die Tür*.

Vordergründig ist dieses Bildwort in der Rede vom guten Hirten platziert. Es geht also hier um die Stalltür, durch die die Schafe ein- und ausgehen können.

Für sich alleine genommen aber ziehen vor meinen Augen verschiedene Türen vorbei. Türen, durch die ich entweder hinein oder hinaus will oder hinter denen ich mich verstecken oder zumindest in Ruhe mein Geschäft verrichten möchte.

Wir kennen Türen, die sich wie durch Zauberhand von selbst öffnen (solche beim Supermarkt) oder für die wir lediglich eine Klinke drücken müssen. Manche sind versperrt. Für manche haben wir einen Schlüssel, bei anderen müssen wir um Einlass bitten. Manche Türen bleiben für immer verschlossen, andere warten nur darauf, sich uns öffnen zu dürfen. Vor manchen steht ein Türsteher, der uns klar macht: „Du kommst hier nicht rein!", bei anderen ein Portier, der uns höflich die Tür aufhält und hereinbittet.

Ich sehe auch meine Haustür vor mir, die meist verschlossen ist und ich bin drin, würde gerne einfach mal raus, so ganz ohne Ziel. Ich sehe die Türen von Läden und Lokalen, die verschlossen sind. Ich stelle mir Türen von Burgen, Schlössern und Bankschließfächern vor, die mit Ketten versperrt sind.

Welche dieser Türen ist Gott? Vielleicht alle zusammen oder keine von denen? Vielleicht liegt es an uns, *wie* wir diese Tür gerade sehen. In welcher Stimmung wir gerade sind und was uns gerade bewegt. Und damit auch: Sind wir bereit für diese Tür? Sind wir vielleicht auch bereit zu warten? In den Klöstern des Zen-Buddhismus ist es Tradition, dass Anwärter erst ein paar Mal abgewiesen werden, bevor sie eingelassen werden. So soll geprüft werden, ob man es wirklich ernst meint.

Ich finde es jedenfalls besonders, dass Jesus sagt: *(der) wird ein und aus gehen und Weide finden.*

Jesus macht nicht hinter uns die Tür zu. Wir dürfen immer wieder hindurch. Hinein und wieder hinaus. Wir sind keine Gefangenen. Wir sind keine Ausgesperrten. Wir sind frei. Er aber ist stets da und lässt uns auf beiden Seiten der Tür Weide finden, also das, was wir suchen und brauchen. Egal ob draußen oder drinnen, rechts oder links, oben oder unten. Ob wir mit anderen den Raum teilen oder nur durch Gedanken und moderner Technik zueinander finden.

Im Film „Matrix"[1] sagt jemand: „Ich kann dir die Tür nur zeigen, durchgehen musst du selber!"

Jesus zeigt auf sich. Lassen wir uns also auf diese Tür ein, wie auch immer sie aussieht.

---

[1] Matrix. USA 1999. Regie: Wachowski-Geschwister. Darsteller: Keanu Reeves, Laurence Fishburne, Carrie-Ann Moss u.a. Den zitierten Satz spricht Laurence Fishburne in seiner Rolle als Morpheus zu Keanu Reeves (Neo).

6 Tür (Foto: Hans-Peter Schult)

Mittwoch, 08.04.2020

Jesus spricht:
Ich bin der Weg und die Wahrheit und das Leben;
niemand kommt zum Vater denn durch mich.

Johannesevangelium 14,6

Es ist eine harte Aussage, die zum Missbrauch einlud und immer noch einlädt: Jesus ist mit *mir*, also habe *ich* die ganze Wahrheit, Ihr anderen irrt Euch!

Andersdenkende wurden verfolgt und auf dem Scheiterhaufen verbrannt, es wurden schreckliche Kriege geführt.

Sätze wie diese gibt es in allen Religionen und Weltanschauungen. Und überall wurden und werden diese Aussagen zur Unterdrückung und zur Gewalt gegen die anderen verwendet.

Wenn eine Glaubensgemeinschaft, eine Religion oder eine Kirche den Absolutheitsanspruch für sich erhebt, führt das unweigerlich zu Konflikten mit den anderen.

Heute interpretieren wir diesen Ausspruch für uns als Christen so:
Der Satz ist nicht nach Außen gerichtet, sondern nach Innen. Adressat ist die christliche Gemeinde des Johannes. Und für mich als Christ soll eben gelten, dass ich bei allen Wegen, Wahrheiten und Lebensentwürfen, die mir von der Gesellschaft, dem Staat und auch von den

Verantwortungsträgern meiner Religion und meiner Kirche angeboten werden, immer schauen muss, ob sie zu dem viel höheren Weg, der Wahrheit und dem Lebensentwurf von Jesus passen.

Im Star Wars – Film „Die Rückkehr der Jedi-Ritter"[2] heißt es: „Auch du wirst eines Tages entdecken, dass viele Wahrheiten, an die wir uns klammern, von unserem persönlichen Standpunkt abhängen."

Es ist *mein* Standpunkt, dass ich mich an Jesus Christus orientiere. Aber z.B. Muslime, Buddhisten, Juden haben einen anderen Standpunkt, das ist zu akzeptieren – solange es auch hier zu keinem Absolutheitsanspruch kommt.

Der zweite Teil des Jesus-Satzes meint das gleiche: *Niemand kommt zum Vater denn durch mich.* Hier betone ich den Vater, also:
*Niemand kommt zum **Vater** denn durch mich.*

Auch hier das christliche Bild von Gott als Vater und Mutter, wir als die Kinder. Eine enge Beziehung, Gott ist in unseren Augen nicht weit weg, irgendwo da oben, sondern uns täglich nahe. Diesen Weg zeigt uns Jesus. Das bedeutet aber nicht, dass es nicht auch andere Wege zu Gott oder zum Göttlichen gibt. Dann ist es aber eben nicht „der Vater" oder „die Mutter", sondern ein anderes Gottesbild. Wir alle

---

[2] Star Wars: Episode VI Die Rückkehr der Jedi-Ritter (Return of the Jedi). USA 1983. Regie: Richard Marquand. Darsteller: Mark Hamill, Harrison Ford, Carrie Fisher u.a. Den erwähnten Satz spricht Alec Guinnes in seiner Rolle als Macht-Geist von Obi Wan Kenobi zu Mark Hamill (Luke Skywalker).

haben verschiedene Vorstellungen, gehen verschiedene Wege.

Ich wünsche mir, dass wir lernen, die Wege aller zu akzeptieren und ihnen den gleichen Wert zugestehen, wie dem unseren. Gott ist größer als unsere Bilder von ihm. Gerade jetzt, wo wir uns alle voneinander abschotten, mögen wir daran arbeiten, künftig näher zusammenzurücken.

Lasst uns gemeinsam den Weg gehen, uns dabei leiten von einer Wahrheit, die größer ist als alle unsere Erkenntnisse; einen Weg, der dem Leben aller Wesen auf diesem Planeten dient. Auf diesem Weg begleitet uns Gott.

Lockdown Teil 3

*Inzwischen hat sich herausgestellt, dass der Unterricht nach Ostern nicht wieder beginnt, sondern dass das „Distance-Learning" weitergeführt wird. Nun aber geht es nicht mehr nur um Wiederholung des bisher Erlernten, sondern auch um das Vermitteln neuen Inhalts. Nicht einfach, wenn man bedenkt, dass es in vielen Familien nur einen Computer gibt, der für „Distance-Learning" **und** „Home-Office" herhalten muss! Bei manchen Familien jedoch gibt es gar keinen Computer daheim. Hier half nur noch die Post.*
Neuer Starttermin ist Ende April. Erinnert mich ein wenig an die Baugeschichte der Elbphilharmonie, des BER oder ähnlicher Projekte.
Ich frage mich, wer wohl eher ein Heilmittel oder Impfstoff findet: Die Wissenschaftler/innen oder die Eltern?
Spannend wird es auch für die Maturant/innen. Ich hätte zwei am Gymnasium gehabt, doch heute (08.04.) wurde vom Bildungsminister Heinz Faßmann verkündet, dass die mündliche Matura entfallen wird und dafür die Jahresnote herangezogen wird. Jetzt haben die beiden brav und fleißig Tag und Nacht gelernt, und dann das! Ich bin mir sicher, die beiden haben tagelang Rotz und Wasser geheult, weil die schönste Prüfung entfallen ist!

Für Gründonnerstag haben wir eine kleine Vorlage für eine Hausandacht mit Abendmahl ausgesandt, zusammen mit einem Hirtenbrief unseres Superintendenten Dr. Gerold Lehner für Karfreitag und Ostern. Parallel dazu wurde ein Hirtenbrief unseres Bischofs Dr. Michael Chalupka an alle evangelischen Haushalte versandt mit einer Hausandacht für Karfreitag und Ostern.

Gründonnerstag, 09.04.2020

Jesus spricht: Ich bin der Weinstock, ihr seid die Reben.
Wer in mir bleibt und ich in ihm, der bringt viel Frucht.

Johannesevangelium 15,5

Heute ist Gründonnerstag. Wir erinnern uns daran, wie Jesus mit seinen Jüngern das Passah-Fest feiert. Mit einem gebratenen Lamm, bitteren Kräutern, ungesäuerten Broten und Wein denken sie an die Befreiung aus der Sklaverei in Ägypten, aus der Mose das Volk Israel herausführte. Der Wein symbolisiert dabei die Freude über die Befreiung.

An diesem Abend aber bekommt der Kelch mit dem Wein eine neue Bedeutung. Er ist Zeichen des neuen Bundes, der mit dem Tod Jesu geschlossen wird.

Auch wenn das Johannesevangelium die Einsetzung des heiligen Abendmahls nicht erwähnt, so dürfen wir das Wort vom Weinstock doch in diesem Zusammenhang sehen.

Der Weinstock ist die Pflanze, die den Reben die nötige Kraft gibt, die Weinbeeren auszubilden. Ohne den Weinstock geht es nicht. Jesus sagt uns zu, dass er uns die Kraft geben will, dass auch wir gute und viele Früchte bringen können.
Am Gründonnerstag nimmt er Abschied von seinen Jüngern. Er weiß, dass er nur noch kurz zu leben hat. Er wird in die Hände der Menschen übergeben, die ihn foltern und töten werden.

Der Kelch mit dem Wein ist Bundeszeichen, aber eben auch ein Startschuss. Wir können manche Geschichten, wie die von der Sturmstillung oder dem versinkenden Petrus lesen, wie Prüfungen: Können die Jünger bereits ohne Jesus arbeiten? Nein, sie sind noch zu verzagt. Jetzt aber ist der Moment da. Jesus wird sie verlassen. Sie werden lernen müssen auf eigenen Beinen zu stehen und zu gehen. Die Bedeutung haben sie allerdings erst nach der Auferstehung verstanden.

Wenn wir zusammen das Abendmahl feiern, dann ist es die Erinnerung an Jesus; an seine Zusagen; an die Gewissheit, dass er uns allen unsere Schuld vergibt. Aber eben auch die Erinnerung, dass wir zum Leben berufen sind.

Momentan hausen wir jede/r für sich daheim, abgesondert von allen anderen, so als würde jede Weinbeere einzeln an einem eigenen Zweig hängen. Das Wort vom Weinstock und seinen Reben erinnert mich heute daran, dass wir zur Gemeinschaft berufen sind. Dass wir die Freude und die Kraft zusammen erleben sollen. So mögen wir in diesen Tagen zumindest in Gedanken miteinander verbunden sein, nach der Coronakrise aber vielleicht auch wieder physisch.

Karfreitag, 10.04.2020

Jesus spricht: Ich bin der gute Hirte.
Der gute Hirte lässt sein Leben für die Schafe.

Johannesevangelium 10,11

Woran denkt Ihr, wenn Ihr Euch ein Schaf vorstellt?
Ich vermute, dass Begriffe wie *intelligent, mutig oder selbstbewusst* nicht dabei waren ... Eher Ausdrücke wie „du dummes Schaf" oder etwas Ähnlichem. Auch in der Bibel kommen Schafe eher schlecht weg. Sie gehen verloren, werden geschlachtet und geopfert oder benutzt, um dem Schwiegervater den Gewinn zu schmälern.

Wenn ich an Schafe denke, sehe ich die Deiche an der Elbe und der Nordsee. Schafe sind die besten, zuverlässigsten und billigsten Deichschützer: Sie fressen das Gras und halten es dadurch kurz, so dass Schädlinge wie Wühlmäuse oder Maulwürfe sofort entdeckt werden. Außerdem treten sie mit ihren Hufen den Deich fest und zerstören damit auch die Maulwurfshügel. Schließlich düngen sie mit ihren kleinen Ködeln das Gras, so dass es weiter kräftig wächst und mit seinen Wurzeln den Deich im Innern stärkt. Selbst Gemeinden, die in den letzten Jahren eher auf aufwändige Technik gesetzt hatten, sind zur Jahrhunderte alten Tradition der Schafe zurückgekehrt.

Diese Schafe werden eben nicht bloß geschoren, gemolken oder geschlachtet, sondern sie schützen die Menschen durch ihren Dienst im Kampf gegen Hochwasser und Sturmfluten.

In der Geschichte vom „Kleinen Prinz"[3] wünscht sich die Hauptfigur vom Erzähler: „Bitte, zeichne mir ein Schaf!" Und dieses Schaf ist dann in seinen Augen unendlich wertvoll, doch weiß er sich gleichzeitig dafür verantwortlich.

Wenn sich Jesus als guter Hirte bezeichnet, weist er uns gleichzeitig die Rolle des Schafes zu. Ein Schaf aber, das so unglaublich kostbar ist, dass er bereit ist, sein eigenes Leben dafür zu geben. Jesus spielt damit auf den Psalm 23 an. Der HERR ist mein Hirte, der mich zu saftigen grünen Auen und zu ruhigem, frischen Quellwasser führt. Der Hirte, der auch in dunklen Schluchten und finsteren Tälern mit seinem Stecken und Stab uns beisteht. Doch Jesus will uns nicht nur *bei*stehen, sondern steht gar mit seinem Leben für uns *ein*.

Heute ist Karfreitag. Heute denken wir daran, dass Jesus am Kreuz für uns stirbt. Vor 2000 Jahren. Für viele ist das vielleicht heute kein Thema. Unverständlich. Karfreitag und seine Botschaft haben für viele ihre Bedeutung verloren.

Aber betrachtet es einmal so: Die Pointe liegt nicht darauf, dass Jesus für unsere Schuld stirbt, sondern darauf, dass wir in Gottes Augen unendlich wertvoll sind. Jede und jeder einzelne von uns. So teuer, dass Gott sich eher selbst opfert, als dass er uns etwas Böses zumutet. Gerade heute und im Home-Office eingesperrt, von Corona-Viren umzingelt, empfinde ich den Karfreitag als sehr tröstlich, da ich nun erst recht auf ein Osterfest vertrauen kann. Wann auch immer das sein wird.

---

[3] Antoine de Saint-Exupéry, Der Kleine Prinz, New York 1943.

Karsamstag, 11.04.2020

Jesus spricht: Ich bin das Licht der Welt.
Wer mir nachfolgt, der wird nicht wandeln
in der Finsternis,
sondern wird das Licht des Lebens haben.

Johannesevangelium 8,12

Heute ist Karsamstag. Abgeleitet vom Althochdeutschen „Cara" = „Trauer." Manche sagen auch Ostersamstag. Das ist auch schon das Dilemma: Was ist denn nun heute?

In der Realität bildet dieser Samstag den Tag, um für das Osterfest einzukaufen. Es ist ein Tag irgendwie dazwischen: Karfreitag war gestern, Ostern erst morgen. Was ist heute?

Bleiben wir innerhalb der Erzählung, so ist heute Sabbat, also der Tag, an dem alle Arbeit unterbrochen werden soll, zugleich das 8tägige Passah-Fest. Die Jüngerinnen und Jünger sitzen daheim und trauern um ihren Meister Jesus. Sie trauen sich nicht raus. Jesus wurde als politischer Aufrührer verhaftet und hingerichtet. Besser, die Römer sehen mich jetzt nicht, sonst ist das nächste Kreuz für mich!

Ich verbinde mit dem Karsamstag Kindheitserinnerungen: Die abendlichen Osterfeuer am Elbstrand. Inzwischen fahren jedes Jahr (außer heuer) Ausflugsdampfer von den Landungsbrücken bis Blankenese und zurück vorbei an all den Osterfeuern.

Es ist eine alte heidnische Tradition. Das Feuer sollte den Winter vertreiben. Der Missionar Bonifatius hatte im Jahr 751 einen Hilferuf an Papst Zacharias gesandt, um abzuklären, wie er mit diesem Brauch umgehen sollte.

Das Bibelwort vom Licht der Welt baute die Brücke: Am Osterfeuer in der Nacht vom Karsamstag auf den Ostersonntag wird die Osterkerze entzündet, die symbolisch für Christus als „Licht der Welt" steht.

Und was für ein Licht! Ein großes Feuer, das die Dunkelheit erhellt und das auch von Weitem gesehen wird. Solche Leuchtfeuer wurden dann auch für die Schifffahrt überlebenswichtig.

Liturgisch gesehen beschreibt der Karsamstag die tiefste Nacht, in der Gott selbst tot ist. „Hinabgestiegen in das Reich des Todes," wie wir im Glaubensbekenntnis sprechen.

In dieser Zeit befinden wir uns in einer anderen Nacht. Unser Leben ist nicht mehr wie vor 4 Wochen.
Doch wie in der Geschichte um Jesus am dritten Tag das Licht des Lebens sich erhebt und die Dunkelheit ein für alle Mal vertreibt, so betrachte ich auch heute das Licht meiner Kerze als Hoffnungssymbol und als Versprechen Gottes, dass auch diese Nacht nicht endlos sein wird, sondern sich in absehbarer Zeit unsere Welt wieder öffnet.

In diesem Sinne wünsche ich uns allen ein gesegnetes Osterfest!

Ostersonntag, 12.04.2020

*Jesus spricht: Ich bin die Auferstehung und das Leben.
Wer an mich glaubt, der wird leben, selbst wenn er stirbt.*

Johannesevangelium 11,25

Diesen Satz spreche ich regelmäßig bei Beerdigungen. Es ist tröstlich zu wissen, dass unsere Verstorbenen, von denen wir Abschied nehmen müssen, eben nicht ein für alle Mal weg sind, sondern dass sie nun bei Gott aufgehoben sind. Dass sie in irgendeiner Weise wieder „auferstehen" werden (oder vielleicht auch schon sind?).

Dies ist umso wichtiger, wenn wir nicht wirklich Abschied nehmen konnten. Vielleicht kam der Tod so plötzlich. Vielleicht waren wir nicht in der Nähe. Vielleicht war da noch etwas, was wir nicht mehr regeln konnten; etwas das nicht ausgesprochen oder aus der Welt geschafft wurde. Etwas, das unangenehm noch zwischen uns lag.

Aber es ist besonders heute tröstlich, wenn Beerdigungen nur im allerengsten Kreis begangen werden dürfen und Freunde keine Chance haben, bei der Beerdigung dabei zu sein.

Jesus spricht dieses Wort aber nicht bei seiner Auferstehung oder kurz vor seinem Tod, sondern kurz bevor er Lazarus vom Tode auferweckt. Dieser Freund von Jesus war schon seit Tagen tot und begann zu riechen – also er schlief definitiv nicht. Jesus ruft ihn zurück ins Leben.

Auf dem ersten Blick eine unheimliche Geschichte, aber sie möchte vom Glauben erzählen und nicht Stoff für einen Gruselfilm bieten.

Die Geschichte erzählt von den Schwestern und den Verwandten, die nun keine Hoffnung mehr haben und sich ganz ihrer Trauer und Wut hingeben. Warum ist Jesus nicht früher gekommen? Er hätte Lazarus vielleicht retten können.

Doch selbst in dieser tiefsten Traurigkeit gibt es Hoffnung; es gibt die Zuversicht; es gibt eben doch die Auferstehung und das Leben: Im Vertrauen auf Jesus.

Heute früh am Ostersonntag haben bestimmt viele von Euch Schokoladenostereier und Schokohasen im Garten gefunden. Vielleicht waren auf dem Esstisch auch ein gebackener Osterzopf und bunt gefärbte, gekochte Eier.

Das eigentliche Symbol für Ostern ist aber das leere Grab: Am frühen Morgen kommen einige Frauen aus der Jüngerschaft Jesu zum Grab, um den Leichnam nach jüdischer Sitte mit Öl einzureiben. Doch der Stein ist zur Seite gerollt und anstelle des Toten sind dort in der Grabhöhle Engel. „Was sucht Ihr den Lebenden bei den Toten?" fragen sie.

Ostern will auch uns heute daran erinnern, nicht in der Grabhöhle des heruntergefahrenen Lebens zu verharren, sondern uns auf die schöne Zeit danach zu freuen. Auferstehung und Leben erfahren heute eine völlig andere Bedeutung. Damit wünsche ich uns allen noch ein gesegnetes Osterfest ... und ganz viel Schokolade!

Ostermontag, 13.04.2020

Jesus spricht: Ich bin das Brot des Lebens.
Wer zu mir kommt, den wird nicht hungern;
und wer an mich glaubt, den wird nimmermehr dürsten.

Johannesevangelium 6,35

Der Ostermontag ist nur aus einem einzigen Grund ein Feiertag: Um die Wichtigkeit des Ostersonntags zu betonen...

Und doch hat sich für diesen Tag eine eigene Tradition entwickelt: In der offiziellen Liturgie denken wir an diesem Tag an die beiden „Emmaus-Jünger". Kleopas und sein Freund gehören nicht zum inneren Kreis der 12. Sie sahen in Jesus einen großen Propheten, der mächtige Wundertaten vollbrachte und predigte. Sie hatten ihre Hoffnung in ihn gesetzt, dass Jesus Israel befreien würde. Ihre Hoffnung wurde enttäuscht. Der große Prophet wurde gekreuzigt. Doch nun haben einige Frauen aus der Jüngerschaft berichtet, sie wären Jesus begegnet. Er soll leben. Er sei auferstanden. Das alles ist etwas zu viel für sie. Sie verlassen Jerusalem und gehen den Weg in Richtung eines kleinen Dorfes namens Emmaus.

Es ist immer noch das 8tägige Passahfest und so nehmen sie zunächst keine Notiz davon, dass innerhalb der vielen Leute eine Person sich ihnen nähert und dann plötzlich ein Gespräch mit ihnen beginnt. Sie gehen eine ganze Weile miteinander, sprechen miteinander. Sie laden ihn noch zu einem gemeinsamen Essen im Dorfgasthaus von Emmaus ein. Dann kommt der große Moment: Der geheimnisvolle Fremde greift zum Brot, bricht es auseinander und verteilt es an sie – und jetzt erkennen auch sie ihn: Es ist der auferstandene Jesus!

Seltsam: Sie gehen einen langen Weg miteinander. Sie sehen ihn an, sie hören ihn sprechen, erkennen ihn aber nicht – erst im Brotbrechen, im Teilen, im gemeinsamen Essen.

Christus als das Brot des Lebens möchte das Miteinander-Leben. Die gemeinsame Feier. Momentan feiern wir allein oder nur im engsten Kreis. Auch die Emmaus-Jünger waren nur zwei. Aber voller Freude liefen sie zurück nach Jerusalem, sie trafen sich mit all den anderen und erzählten von ihrer besonderen Begegnung.

Vor uns liegt noch ein gewisser Weg. Wohl noch ein, zwei, vielleicht gar drei Monate bis wir uns wieder beim Gottesdienst treffen können, um uns dann von unseren Erfahrungen dieser Zeit erzählen zu können. Und um gemeinsam das Brot des Lebens miteinander zu teilen. Aber diesen Weg gehen wir nicht allein, sondern sind von Gott begleitet. Ob wir ihn erkennen?

Dienstag, 14.04.2020

Ich bin ... - So beginnen jene sieben Worte, in denen Jesus die geheimnisvolle Zusage der Gegenwart Gottes aktualisiert. Oder eher interpretiert, nahelegt. Er spricht sie in eine bestimmte Situation hinein. Zu Menschen, die gerade anwesend sind und mit dieser Bilderwelt vertraut sind.

Den 5000 Leuten, die Jesus gerade mit wenigen Broten gesättigt hatte, erzählt er vom „Brot des Lebens". Angesichts der Festbeleuchtung des Tempels zum Laubhüttenfest ist er das „Licht der Welt".

Gegenüber denen, die die Mosaischen Gesetze höher ansehen als die Liebe, bezeichnet er sich als die „Tür" und „guten Hirten, den die Schafe kennen." Er ist bereit, sein Leben für die Schafe zu geben – würden das auch jene Pharisäer tun?

Während alle um den toten Lazarus trauern erweist er sich als „Auferstehung und Leben".

Beim Abschiedsessen mit seinen Jüngern thematisiert er den „Weg, die Wahrheit, das Leben" und vergleicht sich mit einem „Weinstock."

Die „Ich-bin-Worte" sind vom jeweiligen Moment her eingeführt und erfahrbar. Die Hörer haben ein bestimmtes Erlebnis vor Augen.
Gott ist gegenwärtig. Er ist uns so nah, wie das, was wir gerade sehen, benutzen oder benötigen. Nichts besonders

Überhöhtes: Die Hirten waren schlecht angesehen. Sie hausten draußen bei den Tieren und wurden für alle möglichen Delikte erst einmal verantwortlich gemacht. Brot - ein einfaches, alltägliches Nahrungsmittel.

Was für ein Vergleich, was für ein „Ich-bin-Wort" wäre für uns heute passend? Welche vielleicht alltäglichen Dinge erfahren für uns eine wichtige Bedeutung?

Auf den ersten Blick vielleicht ein wenig blasphemisch, aber vielleicht auch irgendwie passend: „Ich bin das Handyladekabel des Lebens!" Ohne Telefon, Internet usw. brechen die letzten Brücken, die uns täglich verbinden, weg. Doch wie lange hält eine Akkuladung? Spätestens dann, wenn der Balken klein und rot wird, ist nichts kostbarer als ein solches Kabel.

Vielleicht auch „Ich bin das Familienfotoalbum". Keines der Fotobücher oder die Speicherkarte. Nein, eines, wo noch ganz altmodisch die Fotos eingeklebt sind. Fotos, die uns von den Geschichten vergangener Jahre und Jahrzehnte erzählen. Jedes Foto gibt es nur einmal, kann nicht mal eben neu hochgeladen werden. Es ist wie ein kleiner Schatz, der bei Familientreffen oder an kalten Winterabenden oder in Zeiten von Corona angeschaut wird, um sich gemeinsam an diese Situationen zu erinnern und gemeinsam darüber zu lachen.

Was ist das bei Euch? Was wird Euch gerade sehr wichtig? Oder wer? Auf was könnt Ihr nicht verzichten? Was ist Euch besonders nah?
Genauso nah und gegenwärtig ist Gott. Nicht irgendwo im Garten versteckt, sondern hier genau vor unseren Augen.

Mittwoch, 15.04.2020

Bei dir ist die Quelle des Lebens
und in deinem Licht sehen wir das Licht.

Psalm 36,10

In einer trockenen Region wie Palästina ist Wasser ein teures Gut und das Wissen, wo es eine Quelle oder einen Brunnen gibt, mitunter überlebensnotwendig.

Reines Wasser ist farblos, doch die Moleküle absorbieren die längerwelligen Lichtteile mehr als die kurzwelligen. Aus diesem Grund erscheint das Wasser mit mehr als zwei, drei Metern Tiefe blau. Aber es kann auch schon wesentlich dunkler selbst bei geringerer Tiefe erscheinen – je nachdem welche Schwebstoffe im Wasser gerade gelöst sind. Die Alster z.B. ist sehr dunkel. Sie entspringt in einem Moorgebiet vor den Toren Hamburgs und trägt sehr viele ... ich nenne es mal „Schwebstoffe" mit sich. Sie wird daher auch scherzhaft als „Jungbrunnen" bezeichnet: Wer aus diesem Fluss trinkt, wird keinen Tag älter!

Wasser beziehen wir heute aus der Leitung oder als Mineralwasser in den Läden. Was mich überrascht: Es gibt nicht nur die mir bekannten Sorten für ein paar Cent, sondern ich kann bis zu 250,- Euro pro Liter ausgeben für ein besonderes Wasser aus Japan.

Ebenso reichhaltig ist der Markt an geistlichen Quellen. Religionen wollen Kraftquellen sein, die uns stärken und unseren Durst stillen. Quellen zur Regeneration und um uns auszuruhen.

Manche dieser Quellen sind vielleicht etwas überteuert, andere aber haben sicherlich *ungesunde* Schwebeteilchen in sich: So behaupten manche Gemeinschaften – und dies quer durch alle Religionen! – dass ihre Gebete und Feiern vor Coronaviren schützen könnten. Oder aber sie behaupten, dass die Pandemie eine göttliche Strafe für unsere Sünden sei. Und nur sie selbst würden die Heilung bedeuten.

Bei dir ist die Quelle des Lebens und in deinem Licht sehen wir das Licht.

Ich sehe dieses Psalmwort nicht nur als Einladung, bei Gott Kraft und Leben zu suchen, sondern auch als Aufforderung, vorher die Quelle zu „durchleuchten": Was ist das für Wasser? Ist es wirklich von Gott? Oder hat da jemand eigene, abstruse und gefährliche Ideen mit untergerührt?

Ich denke, wenn wir uns bewusst sind, dass Gott die Liebe ist und das Leben will, dann fällt es uns auch nicht schwer, beim Schluck aus der Quelle das richtige Maß zu finden und uns von ihm stärken zu lassen. Gerade jetzt, wo wir geistliche Stärkung brauchen.

Donnerstag, 16.04.2020

*Dein Wort ist meines Fußes Leuchte
und ein Licht auf meinem Wege.*

Psalm 119,104

Dieser Vers wird in den Gottesdiensten der Evangelischen Kirche in Österreich jeweils nach der biblischen Lesung zitiert.

Wie eine Antwort auf das Gehörte. Der Bibeltext als „Wort Gottes", das uns auf unserem Lebensweg leuchten soll.

Der Psalm selbst entfaltet über sage und schreibe 176 Versen ein Loblied auf die Thora, die 5 Bücher Mose. Warum gerade 176? Für jeden der 22 Buchstaben des hebräischen Alphabets jeweils 8 Verse. 8 ist eine besonders heilige Zahl. Die ersten 8 Verse beginnen mit dem ersten Buchstaben, dem Aleph, die nächsten 8 mit dem zweiten, dem Beth, die dritten 8 mit dem Gimel und so weiter. Die Thora, das Gesetz, soll den Weg des Beters erhellen.

Der Apostel Paulus hatte so seine liebe Not mit dem Gesetz. Für ihn war dessen einziger Zweck, dass es uns aufzeigen soll, dass wir es gar nicht halten können. All die 613 Ge- und Verbote sind zu viel für uns Menschen. Er setzt dagegen das Vertrauen in Gottes Barmherzigkeit.

Genauso erging es Martin Luther, der das umfangreiche Gesetzes- und Regelwerk seiner Kirche in Frage stellte und deren Auslegung der Bibel zur Bereicherung widersprach.

Auch heute kommt es bei Diskussionen um den richtigen Weg der Kirchen, bei theologischen Entscheidungen und Synodenbeschlüssen zu unterschiedlichen, ja geradezu konträren Interpretationen der Bibel und ihrer Aussagen. Die Texte sind schließlich zwei, zweieinhalb tausend Jahre alt und nicht für Österreicher des 21. Jahrhunderts geschrieben. Die biblischen Texte müssen also vor dem Hintergrund ihrer Entstehung her betrachtet und auf heute bezogen werden. Das ist natürlich kein Selbstgänger. Und jede Ansicht kann gute Gründe für sich anführen.

Dein Wort ist meines Fußes Leuchte und ein Licht auf meinem Wege.

Das Licht erleuchtet meinen Weg, aber die Schritte muss ich *selbst* setzen. Ich *darf* sie selbst setzen. Das Wort ist keine Leine oder Kette. Kein Maulkorb, nicht mal ein Mund-Nasen-Schutz.

In dunkler Nacht kann ich nur den Teil des Weges wahrnehmen, der gerade erleuchtet wird, wo ich Licht sehe. Und dann kann ich entscheiden, wohin ich meinen Fuß setzen will, welche Richtung ich einschlage, ob ich irgendwo reintrete, einen großen Sprung mache oder ein Hindernis umgehe.

Ich freue mich über diese Freiheit, die uns zuteilwird. Die uns Gott zumutet, die er uns aber eben auch zugesteht. Und ich vertraue darauf, dass das Licht, das er uns sendet, uns aus dieser dunklen Nacht herausführt.

Freitag, 17.04.2020

Ihr seid das Licht der Welt. Es kann die Stadt,
die auf einem Berge liegt, nicht verborgen sein.
Man zündet auch nicht ein Licht an und setzt es unter
einen Scheffel, sondern auf einen Leuchter;
so leuchtet es allen, die im Hause sind.

Matthäusevangelium 5,14-15

„Licht der Welt" – das ist sonst in der Bibel mit Gott verbunden. In den Psalmen betrachten wir die Welt im Licht, das von Gott kommt. Jesus nennt sich im Johannesevangelium selbst „Licht der Welt". Hier nun am Anfang der Bergpredigt im Matthäusevangelium heißt es auf einmal, dass *wir* das Licht der Welt seien.

Wir werden es nicht. Es gibt auch keinen Befehl, dass wir es sein sollen. Nein, wir *sind* das Licht der Welt. Unübersehbar. Er unterstreicht dies mit einigen Vergleichen: Ein Bergdorf mag sich vielleicht in einem dunklen Alpental verstecken und sich regelmäßig dank der winterlichen Schneemassen von der Außenwelt abschotten können. Eine Stadt wie Jerusalem, die oben auf einem Berg liegt, ist dagegen von weit her sichtbar.

Auch der Vergleich mit dem kleinen Öllicht ist bezeichnend. Niemand würde ein solches Licht unter einen Scheffel stellen. Die Bedeutung dieses Begriffs ist den meisten wohl inzwischen fremd, die Redewendung vom Licht unter dem Scheffel als unnötige Bescheidenheit, dagegen kennen bestimmt alle. Ein Scheffel ist ein Hohlmaß für Getreide (umgerechnet um die 20 l). 1975 kam es zum Versuch einer revidierten Lutherbibel, die die bis dahin gültige Fassung von 1912 ablösen sollte. Folgerichtig hieß in dieser Ausgabe: Man setzt das Licht nicht unter einen *Eimer*. Ihr könnt Euch gar nicht die Flut an empörten Leserbriefen vorstellen. Die Ausgabe 1975 wurde wieder aus dem Verkehr gezogen und eingestampft, sodass es dann eine neue Fassung 1984 gab, die bis zur aktuellen von 2017 die übliche war.

Unter einem Scheffel (oder eben einem Eimer) bekommt die kleine Flamme der Öllampe keinen Sauerstoff und geht aus. Oben auf einen Leuchter gesetzt kann aber selbst ein so kleines Licht den Raum erleuchten. Es gab früher keine Fensterscheiben, sondern nur kleine Löcher in der Wand, sodass es stets dunkel war, und nur die kleinen Öllampen brachten wenigstens etwas Licht.

Noch sagt Jesus nicht, wie wir uns verhalten sollen – das erfolgt erst in den nachfolgenden Versen und Kapiteln. Aber mit der Auszeichnung Licht der Welt zu sein, dürfte auch eine große Verantwortung verbunden sein. Es ist daher an uns zu entscheiden, mit wieviel Lumen wir die Welt erhellen wollen und mit welcher Wellenlänge, also in welche Farbe wir die Welt tauchen.

Und doch erinnert uns Jesus daran, dass wir nicht um unser selbst willen leuchten, sondern dass auch unser Licht immer ein Hinweis auf Gott sein soll. Im folgenden Vers sagt er: *„So lasst euer Licht leuchten vor den Leuten, damit sie eure guten Werke sehen und euren Vater im Himmel preisen."* Nehmen wir also Gottes Licht in uns auf und geben dies weiter!

Samstag, 18.04.2020

Ihr seid das Salz der Erde.
Wenn nun das Salz nicht mehr salzt,
womit soll man salzen? Es ist zu nichts mehr nütze,
als dass man es wegschüttet
und lässt es von den Leuten zertreten.

Matthäusevangelium 5,13

In meinem Küchenschrank habe ich verschiedene Sorten Salz. Meersalz aus Griechenland. Einige Gewürzsalze von Alfons Schubeck und Jamie Oliver. Steinsalz aus Österreich. Rotes Himalayasalz. Letztere beide dürften einige Millionen Jahre alt sein. Und das Besondere: Sie sind immer noch salzig. *Wenn nun das Salz nicht mehr salzt...* Was meint Jesus damit???

In meinem Studium hatte ich diese Erklärung gelernt: Das Salz, das aus dem Toten Meer gewonnen wurde, hatte außer Natriumchlorid (also unserem Kochsalz) auch andere Salze und Sedimente und wurde auf den Flachdächern der Gegend getrocknet. Dort wurde mitunter das Kochsalz herausgewaschen und es blieb eben nur das andere übrig, wurde auf die Straße gekippt und dort nach und nach von den Passanten zertrampelt. Ob dies aber wirklich so war, ist nicht belegt.

Eine andere Interpretation ist, dass es sich bei diesem Salz um Salpeter handelt, also einem Dünger. Dieser könnte tatsächlich seine Kraft verlieren.

Doch für mich logischer ist, dass es sich hierbei um einen Satz der Unmöglichkeit handelt, wie er auch schon in der zeitgenössischen rabbinischen Literatur belegt ist: Salz kann *nicht* seine Salzigkeit verlieren, deswegen auch *wir* nicht. So wie wir das „Licht der Welt" *sind*, so *sind* wir auch das Salz der Erde.

Doch was heißt das nun: Wir sind das Salz der Erde?
Die Gesundheitsämter rechnen immer wieder vor, dass wir viel zu viel Salz zu uns nehmen. Sind wir Christen etwa zu viel für diesen Planeten?

Heutzutage benutzen wir Salz (also Kochsalz oder Natriumchlorid) fast nur noch zum Würzen. Es ist ein Geschmacksverstärker. Ohne Salz schmeckt alles fad. Erst das Salz entwickelt den Eigengeschmack der Speisen – solange es nicht zu viel ist, dann wäre es *ver*salzen.

Doch früher war Salz in erster Linie Konservierungsmittel. Viele Städte gelangten durch das „weiße Gold" zu Reichtum und führen es bis heute stolz im Namen: Salzburg, Hallstatt, Hallein, Bad Reichenhall, Bad Hall.

Erst das Salz machte den Handel von verderblichen Waren möglich. Erst durch Salz kam es zu einem Austausch von Lebensmitteln über weitere Distanzen.

Gerade jetzt, wo wir uns voneinander absondern, können wir als Christen wieder zeigen, dass es um ein weltweites Zusammenhalten geht. Dass wir das Virus nur gemeinsam bekämpfen können. Und dass die Zukunft der Menschheit nur möglich ist, wenn wir lernen, einander zu verstehen. Einander in Freundschaft zu begegnen. Und um das Beste von uns miteinander zu teilen. Das wäre doch mal ein „Globalisierungskonzept": Nicht auf das zu schauen, was wir nutzen können, um zu sparen und auszubeuten, sondern darauf, was uns allen zugutekommt, was wir von uns den anderen zeigen möchten.

Ich möchte gerne solches Salz sein.

7 Salz aus meinem Küchenschrank (Foto: Jan Lange).

Quasimodogeniti, 19.04.2020

Der auferstandene Jesus trat zu seinen Jüngern
und sprach:
Mir ist gegeben alle Gewalt im Himmel und auf Erden.
Darum gehet hin und gewinnt die Menschen aller Völker
für meine Sache:
Taufet sie auf den Namen des Vaters und des Sohnes
und des Heiligen Geistes und helft ihnen so zu leben,
wie ich es euch gezeigt habe. Und siehe, ich bin bei euch
alle Tage bis an der Welt Ende.

Matthäusevangelium 28,18-20

Heute ist der Sonntag „Quasimodogeniti" – nein, er ist nicht nach dem Glöckner von Notre Dame benannt, sondern umgekehrt: In dem Roman[4] findet der Domprobst das bucklige Kind an eben diesem Sonntag auf der Treppe zur Kirche und gibt ihm den entsprechenden Namen.

Quasimodogeniti – „wie die neugeborenen Kinder". Früher wurde er auch „Weißer Sonntag" genannt, da die erwachsenen Täuflinge der Osternacht ein weißes Taufgewand anzogen und jetzt, eine Woche später es wieder auszogen. Nun waren sie vollwertige Mitglieder der christlichen Gemeinde.

Ich habe eingangs den sogenannten „Taufbefehl" aus dem Matthäusevangelium zitiert; in der entschärften Fassung.

---

[4] Victor Hugo, Der Glöckner von Notre Dame (Notre-Dame de Paris. 1482), 1831.

Denn mit diesem Text wurde die gewaltsame Missionierung vergangener Jahrhunderte begründet.

Mir ist an diesem Textabschnitt vor allem ein Wort wichtig: Wir taufen AUF den Namen Gottes. Nicht IM, wie ich immer wieder von manchen Kollegen höre.

Die Taufe ist kein Urteil, das ich „im Namen Gottes" am Täufling vollstrecke, sondern das Kind bekommt in der Taufe den Namen Gottes dazu („auf den Namen")! Wir alle werden durch die Taufe zu einer Familie Gottes. Wir tragen den Namen Gottes. Das ist die Grundlage zu diesem besonderen Beziehungsverhältnis mit Gott.

Für mich ist dies besonders in diesen Zeiten eine wichtige Botschaft: Wie verhalten wir uns in der Familie? Schauen wir gegenseitig auf uns? Helfen wir einander?

So zumindest hat es uns Jesus gezeigt.

Montag, 20.04.2020

Ich, der HERR, dein Gott, bin ein eifernder Gott,
der die Missetat der Väter heimsucht bis ins dritte und
vierte Glied an den Kindern derer, die mich hassen,
aber Barmherzigkeit erweist an vielen Tausenden,
die mich lieben und meine Gebote halten.

Exodus 20,5-6

Diese Verse stehen inmitten der zehn Gebote. Es geht um das Verbot, sich Bildnisse von Gott anzufertigen und diese anzubeten. Doch diese Verse werden gerne hergenommen, um gegen den ach so bösen Gott der Juden zu polemisieren.

Wir vergessen dabei: Die Bibel hat niemand direkt aus dem Himmel heruntergeladen. Sie wurde nicht von Gott gefaxt oder gemailt.

Die biblischen Bücher wurden von frommen, gläubigen Menschen verfasst, die in den Texten ihre Vorstellungen und Erfahrungen mit Gott und ihre Hoffnungen und Wünsche für ein gutes Zusammenleben der Menschen zu Papier brachten.

Auch die Vorstellung, dass Strafen bis ins dritte und vierte Glied wirken, entspringen nicht Gottes Willen, sondern der Lebenserfahrung der Menschen.

Gerade wer in einem Dorf aufgewachsen ist, hat dies erlebt: Jemand frisst irgendetwas aus. Egal ob Gewaltverbrechen, finanzieller Bankrott oder sonst etwas. Das ganze Dorf weiß Bescheid und zerreißt sich das Maul darüber. Nicht nur heute oder morgen, nein eine ganze Weile. Auch die Kinder sind davon betroffen: „Bist Du nicht der Sohn von dem und dem?" Auch Enkel können noch davon hören. „Wie heißt du? Ist nicht vielleicht dein Großvater der und der ...?" Erst die fünfte Generation hat davon ihre Ruhe – weil dann wohl alle, die davon wissen, inzwischen gestorben sind.

Ganz anders sieht das natürlich bei den Nachfahren von lokalen, nationalen oder gar internationalen Helden aus: Das Gedächtnis wird wachgehalten, Museen eingerichtet, Filme gedreht, Theaterstücke oder Opern geschrieben. Die nachfolgenden tausend Generationen sollen doch Bescheid wissen.

Heute ist der 20. April. In jedem Lexikon einschließlich Wikipedia ist erwähnt, dass Adolf Hitler am 20. April 1889 in Braunau zur Welt kam. Die Braunauer sind - darauf angesprochen - davon inzwischen ziemlich genervt. Manche sagen dann: „Hier hat er in die Windeln geschissen, verrückt geworden ist er woanders!" Oder verweisen darauf, dass die Familie gar nicht von hier war, sondern nur wegen der Arbeit des Vaters als Zöllner hierhergezogen und schon wenige Jahre später wieder weggezogen wäre. Ist zwar richtig, aber nicht der Punkt! Fakt ist, er *wurde* hier geboren. Fakt ist aber auch, dass das kollektive Gedächtnis darüber schwindet. Als ich nach Braunau zog und daheim in Hamburg erzählte, wo es hinging, verbanden noch einige den Stadtnamen gleich mit Hitler. Eine erzählte, dass sie im Kindergarten ein schwülstiges Gedicht auswendig lernen musste, dessen Refrain sie immer noch kannte: „In Braunau, in Braunau am Inn..." Andere hatten den

Ortsnamen schon mal gehört, konnten ihn aber nicht gleich einordnen, andere hatten keine Ahnung. Je nach Alter und Bildungsgrad ... Vielleicht werden in 2 oder 3 Generationen nur noch Historiker und Neonazis Braunau mit Hitler verbinden.

Um es gleich deutlich zu machen: Ich will nicht dem Vergessen oder Verdrängen der Nazizeit Vorschub leisten. Es ist nur eine Beobachtung, die mir bei diesem Bibelvers in den Sinn kommt. Keine göttliche Strafe, sondern einfach nur Lebenserfahrung. Wir machen solche Erfahrungen, doch zugleich sind wir auch diejenigen, die die Erfahrungen weitergeben, die das Gedächtnis aufleben und köcheln lassen. Das ist unsere Verantwortung und Auftrag, damit umzugehen.

Erinnern wir uns also an die Taten und daran, wer sie begangen oder vollbracht hat (je nachdem, ob es schlechte oder gute waren). Erinnern wir uns daran, wer durch die Taten der Vergangenheit gerettet wurde oder wer ihnen zum Opfer fiel. An die Namen und Schicksale. Erinnern wir uns an die Zusammenhänge, und wie schnell wir in die Barbarei fielen. Versuchen wir gemeinsam die Schäden zu reparieren, Wunden zu verbinden und den Opfern eine Stimme geben.
Doch lasst uns die Kette zum zweiten, dritten oder gar vierten Glied durchtrennen, die Nachfahren von der Last befreien und Frieden suchen mit den Menschen um uns herum, niemanden für die Taten der Vorfahren bevorzugen oder benachteiligen. Bei den Geboten Gottes geht es nicht um Strafen, sondern um Barmherzigkeit. Nicht um Hass, sondern um Liebe. Auch das ist ein bleibender Auftrag für uns alle.

Dienstag, 21.04.2020

Du stellst meine Füße auf weiten Raum.

Psalm 31,9

Der Psalm 31 ist ein Hoffnungslied. Der Sänger sieht sich in der Enge. Er kleidet diese in Bildern von Feinden, die ihn umzingeln; Netzen, die ihm heimlich gestellt werden, damit er sich darin verfängt; Angst, die ihm die Lebenskraft nimmt; Gefahren, die auf ihn lauern; und Nachbarn, die sich über ihn das Maul zerreißen und ihn verspotten.

Dem setzt er seine Hoffnung in Gottes Beistand gegenüber. Entgegen aller Gefahren, oder vielleicht auch trotz alledem, stellt er unsere Füße auf weiten Raum.

Eine Vorstellung, ein Bild, das in dieser Zeit eine besondere Kraft gewinnt: Wir sind in unseren eigenen vier Wänden eingesperrt. Draußen schleicht ein feindliches Virus herum, wir binden uns Netze in Form von Masken vors Gesicht. Und jeder Schritt vor die Tür ist von den Gedanken begleitet: *Muss* ich heute wirklich einkaufen gehen oder hat das noch Zeit bis morgen? Was werden die Nachbarn dazu sagen? Sollte ich nicht besser zum eigenen Schutz daheimbleiben?

Weiter Raum – das wird momentan von den Geschäften verlangt, von allen Einrichtungen, die nun nach und nach wieder aufsperren wollen. Weiter Raum, sodass ein Mindestabstand gewährleistet werden kann.

Doch der weite Raum, den uns Gott verspricht, ist der Raum, den wir miteinander teilen dürfen, wo wir uns begegnen dürfen.

Ich wünsche mir diesen Raum bald wieder herbei, damit ich hier meine Füße vertreten kann; laufen, springen, rennen oder einfach nur verweilen.

Lockdown Teil 4

Nach und nach dürfen nun (seit 14. April) die Geschäfte wieder aufsperren – sofern sie weniger als 400 m^2 Grundfläche haben (in Deutschland liegt die magische Grenze bei 800 m^2). Allerdings muss für jeden Kunden 20 m^2 Fläche vorhanden sein. Unabhängig von der Größe öffnen auch wieder Bau- und Gartencenter. Mund-Nasen-Schutz und Abstandsregeln gelten sowieso.
Größere Geschäfte fühlen sich benachteiligt und ziehen vor Gericht.
Bitter ist es für viele Firmen – gerade im Tourismussektor, Gastronomie und Industrie, die ihre Mitarbeiter nicht ins Home-Office schicken konnten. Der Urlaub ist aufgebraucht und viele verlieren ihre Arbeit. Um dies zu verhindern, werden nach und nach Programme gestartet, um Unternehmen zu stützen. Das Problem hierbei: Es sind keine Zuschüsse, sondern Kredite, die zurückgezahlt werden müssen (abgesehen von Kurzarbeitsgeldern).
Auch die Kulturszene leidet. Manche Künstler stellen zwar Videos auf YouTube, aber die Einnahmen fehlen. Es ist zu befürchten, dass viele die Coronakrise wirtschaftlich nicht überstehen werden.

Mittwoch, 22.04.2020

Ein Mensch sieht, was vor Augen ist;
der HERR aber sieht das Herz an.

1. Samuel 16,7

Wenn wir uns draußen, in einem Geschäft begegnen, dann tragen wir eine Maske. Einen „Mund-Nasen-Schutz". Meine eigenen wurden von meiner Assistentin in einem tollen Schwarz-Braun-Silber-Camouflage genäht. Die Design-Vorgabe meinerseits war „irgendwas zwischen Pfarrer, Zorro und Batman!" Auf einem Foto, das ich für einen entsprechenden Artikel im HTL-Jahresbericht eingereicht habe, sehe ich damit wie ein Räuber im Wilden Westen aus.

8 Die Maske des Pfarrers (Foto: Manuela Kritzinger)

Es ist tatsächlich ein wenig unheimlich, im Supermarkt auf lauter Leute mit Gesichtsmasken zu stoßen. Die Kommunikation wird erheblich erschwert: Wir sind es gewohnt, nicht nur die Worte zu hören, sondern anhand der Mimik diese auch einordnen zu können. Bei digitalen Nachrichten wird dies gerne durch entsprechende Smileys ersetzt, die den anderen signalisieren, wie die Aussage gemeint war.

Vielleicht erkennen wir uns nicht einmal sofort, auf jeden Fall aber wird es zu vielen Missverständnissen kommen.

... der HERR aber sieht das Herz an. Wenn wir es ihm nachmachen wollen, dann nehmen wir uns am besten den „Kleinen Prinzen"[5] zum Vorbild, der da sagt: „Man sieht nur mit dem Herzen gut. Das Wesentliche ist für das Auge unsichtbar!"

Vertrauen wir also mehr auf unser Herz als auf unsere Augen!

---

[5] Antoine de Saint-Exupéry, Der Kleine Prinz, New York 1943.

Donnerstag, 23.04.2020

HERR, zeige mir deine Wege und lehre mich deine Steige!

Psalm 25,4

Der Beter dieses Psalms bittet Gott um Vergebung und um Leitung. Die Überschrift ist ein wenig verwirrend: Die Luther-Übersetzung schreibt „Von David". Das ist aber keine Verfasserangabe! Das hebräische „le david" meint „in Hinsicht auf David", wir sollen also beim Lesen dieses Psalms an die Geschichte von König David denken.
David, der Warlord, der hartherzig seine Gegner umbrachte.
David, der Ehebrecher, der, nachdem er Bathseba geschwängert hatte, deren Ehemann umbringen ließ, um nun freie Bahn zu haben.
David, der trotzdem von Gott geliebt, beschützt und gesegnet wurde.

Die meisten von uns dürften kein so großes Sündenregister haben, aber auch keine solche Machtfülle. Wir liegen also irgendwo dazwischen. Wenn schon Gott gegenüber diesem David so mild und freundlich ist, dann doch wohl umso mehr bei uns!

HERR, zeige mir deine Wege und lehre mich deine Steige!

Es ist nicht *der* Weg oder *der* Steig! Zu Gott führen viele Wege und Steige. Manche schmaler, andere weiter. Manche steiler, andere bequemer. Bei manchen ist dies oder das erlaubt, bei anderen lehnt man dies oder jenes ab.

Ich finde es befreiend, dass Gott die Vielfalt liebt und fördert. Wir alle haben manchmal unterschiedliche Vorstellungen über den „richtigen Weg" in unseren Kirchen.

Aber ich vertraue darauf, dass sie alle von Gott sind – sofern wir sie mit Barmherzigkeit, Liebe und Toleranz pflastern.

Warum steht da der HERR ?

Überall, wo in der Lutherbibel im Alten Testament der HERR steht (in Kapitälchen geschrieben), ist im Hebräischen Original der Gottesname „Jahwe" – genauer gesagt die vier Buchstaben YHWH, in der theologischen Wissenschaft daher auch als „Tetragramm" bezeichnet. Ausgesprochen wurde es vermutlich jachwä – mit einem gehauchten ch, einem englischen „Double-u" und der Betonung auf dem ä. Das Hebräische ist eine reine Konsonantenschrift, es gibt keine Vokalbuchstaben (auch wenn einige auch als solche dienen können, aber das führt hier zu weit).

Während (oder nach) des Babylonischen Exils (siehe Seite 17) wurde der Name als so heilig angesehen (siehe das zweite Gebot), dass er nicht mehr ausgesprochen oder ausgeschrieben wurde. Man sagte daher Adonái (mit einem langen, betonten ai) – übersetzt „mein HERR" (so nur bei Gott, „mein Herr", hieße Adoni). Die entsprechenden Vokale wurden zu den Buchstaben YHWH gesetzt. Im Mittelalter hatten christliche Mönche daraus fälschlicherweise „Jehova" gelesen, was aber vollkommen falsch ist!

Freitag, 24.04.2020

Selig sind, die da geistlich arm sind;
denn ihrer ist das Himmelreich.

Matthäusevangelium 5,3

Nein, Jesus sagt hier nicht, dass die Idioten in den Himmel kommen! „Geistlich arm" ist keine Umschreibung für Dummheit – oder um es politisch korrekt auszudrücken: es geht hier nicht um jene, die überdurchschnittlich viel Pech beim Denken haben.

Es geht eher um eine bescheidene, demütige Geisteshaltung: Sich selbst zurücknehmend; die anderen zu Wort kommen lassend; deren Meinung hörend.

Das Gegenteil ist also Selbstüberschätzung und Hybris. Also z.B. jemand, der sich nach dem Dunning-Kruger-Effekt gerade auf dem „Mount Stupid" befindet. Das heißt: Er hat vom Thema so gut wie keine Ahnung, hält sich aber für den absoluten Experten und tönt sein Pseudowissen per Twitter oder Pressekonferenz in die Welt hinaus.

Von Sokrates wird dem gegenüber der Satz überliefert „Ich weiß, dass ich nichts weiß!"

Mir gefällt die Übersetzung von Papst Johannes XXIII. – er sagte zu sich: „Nimm dich nicht so wichtig, Giovanni!"
Soviel geistliche Armut wünsche ich uns allen und ein Stück vom Himmelreich hier auf Erden!
„Dunning-Kruger-Effekt"

Es lohnt sich, diesen (populärwissenschaftlichen) Effekt einmal zu googeln.

Kurz zusammengefasst: Es geht um die Beobachtung, wie Kompetenz mit Selbstvertrauen einhergeht. Wer kaum etwas vom Thema weiß, hält sich für den großen Experten und tönt sein „Wissen" heraus. Wer sich dann mehr mit dem Thema beschäftigt, merkt auf einmal, dass es viel umfangreicher ist und hält sich für einen blutigen Anfänger. Erst mit der Ansammlung von mehr Wissen steigt auch wieder das Selbstvertrauen.

9 Dunning-Kruger-Effekt (Wikipedia)

An dieser Stelle noch einmal ein herzliches Dankeschön an US-Präsident Donald Trump, der extra für mich an diesem Tag in einer Pressekonferenz diesen Effekt demonstrierte: Da er gehört hatte, dass auf metallischen Oberflächen das Coronavirus durch UV-Strahlung und Desinfektionsmitteln zerstört wird, schlug er vor, Covid-19-Patienten mit Lichtstrahlen zu behandeln und anderen vorsorglich Desinfektionsmittel intravenös zu spritzen.

Samstag, 25.04.2020

Behüte mich wie einen Augapfel im Auge ...

Psalm 17,8a

In meiner ersten Hebräisch-Stunde an der Universität fragte uns unser Lehrer, ob wir schon mal diesen oder jenen Ausdruck gehört hätten. „Das ist dufte", „Mausetot", „Guter Rutsch ins neue Jahr" – und „Schmiere stehen". All diese Ausdrücke stammen aus dem Jiddischen und damit dem Hebräischen. „Schmiere stehen" hat nichts mit Wagenschmiere oder so zu tun. Das Wort „Schamar" bedeutet übersetzt „bewachen". Davon abgeleitet der „Schomer", der Wächter; und „Sch^emura", das Augenlid.

Unser Auge ist etwas sehr Zerbrechliches. In einer brutalen Zeit mit vielen Auseinandersetzungen kam es in den Kämpfen immer wieder zum Verlust eines Auges oder gar beider. Wer sein Augenlicht verliert, war verloren, der Schutz des Auges also immer eine große Herzensangelegenheit. Viel wussten die alten Israeliten nicht von Anatomie. Aber dass der Augapfel in der Augenhöhle des Schädels saß und vorne vom Augenlid bewacht wurde, das kannten sie schon.

So geschützt möchte auch der Beter des Psalms sein. Von allen Seiten bewacht, damit er seiner von Gott gewünschten Aufgabe nachkommen kann. Wir brauchen nicht „Schmiere stehen"; wir dürfen unseren Blick ungeniert schweifen lassen – und auf die blicken, die uns brauchen.
Dazu dürfen wir auf Gottes Schutz und Beistand vertrauen!

Misericordias Domini, 26.04.2020

... beschirme mich unter dem Schatten deiner Flügel.

Psalm 17,8b

Seit wann hat Gott Flügel???
Offenbar sucht der Beter gerade Zuflucht im Tempel. Hier verbirgt er sich vor denen, die ihm nachstellen. Hier im Tempel, beim Allerheiligsten, gibt es zwei Cherubim. Ursprünglich waren sie auf der Bundeslade befestigt. Cherubim (das ist der maskuline Plural von Cherub) sind mythologische Mischwesen, die im ganzen Orient sehr beliebt waren. Löwenkörper mit Adlerflügeln und Menschenkopf. Sie entsprechen also dem ägyptischen Sphinx (maskulin), bzw. der griechischen Sphinx (feminin). Später wurde aus den Cherubim eine eigene Engelklasse.

Das Verweilen am Altar im Schatten der Cherubim-Flügel bot zunächst einmal Schutz für den Verfolgten. Der Beter sieht sich zu Unrecht beschuldigt und hofft auf Gottes Gerechtigkeit.

Wir kennen dies heute noch unter dem Stichwort „Kirchenasyl". Es sind nicht mehr zwei mythische Wesen im Altarraum, heute tragen wir als Christen gemeinsam Verantwortung, dass wir für Verfolgte eintreten. Ob die Cherubim auf Dauer den Beter beschützen konnten, wissen wir nicht; aber es ist auf jeden Fall wichtig, jedem Menschen eine faire Chance zu geben. Lasst uns also unsere Flügel ausbreiten für diejenigen, die uns heute brauchen!

Montag, 27.04.2020

Der HERR ist meine Stärke und mein Schild.

Psalm 28,7a

Am Wochenende hörten wir Teile aus dem Psalm 17, mit der *Bitte* um Gottes Beistand. Hier nun folgt ein *Dank* für Gottes Beistand.

... meine Stärke und mein Schild – Worte aus dem Militär. Die starke Hand mit dem Schwert, die auf die Feinde eindrischt, und die andere Hand mit dem Schild, um die Schläge des Gegners abzufangen.

Momentan suchen wir eine Stärke und einen Schild gegen einen anderen Gegner. Zu Beginn der Corona-Krise nahmen mehrere Staatschefs ebenfalls militärische Vokabeln in den Mund. Sie sprachen von einem Krieg gegen einen unsichtbaren Feind und wollten uns alle als Soldaten. Und manche reden immer noch so. *... meine Stärke und mein Schild* – übersetzt in unsere Situation heißt das wohl: Entweder ein Heilmittel oder einen Impfstoff oder besser beides.

Ich mache mir auch Sorgen um Corona und unterstütze die Maßnahmen zur Eindämmung und zur Sicherung unseres Gesundheitssystems. Aber solche martialische Sprache überlasse ich lieber „Game of Thrones" und anderen Fernsehserien, Filmen oder Geschichten. In der realen Welt möchte ich lieber Klarheit und Unaufgeregtheit – und möglichst bald genauso dankbar einen Psalm singen, *sobald wir diesen heimtückischen, gewissenlosen Feind mit Stumpf und Stiel ausgerottet haben...* 😊

Dienstag, 28.04.2020

HERR, deine Güte reicht, so weit der Himmel ist,
und deine Wahrheit, so weit die Wolken gehen.

Psalm 36,6

Der Weltraum. Unendliche Weiten ... So beginnen die einzelnen Folgen von „Raumschiff Enterprise"[6]. Unendliche Weiten, das dürfte sich auch der Psalmbeter gedacht haben, als er über die Güte und Wahrheit Gottes nachsann. Ich stelle mir vor, wie er (oder sie?) in den Himmel blickte. Vielleicht auf dem Boden liegend und einfach nur den Blick in den Himmel hebend.

Wo endet der Himmel? Wo kommen die Wolken her und wie weit ziehen sie? Egal, in welche Richtung ich laufe, und egal, wie weit ich reise, ich werde nie das Ende finden. Dieser Himmel ist also unendlich.

Ich finde es tröstlich, dass inmitten einer Welt voller Fake News, Halbwahrheiten oder auch offen ausgesprochenem „Ich weiß es nicht" es irgendwo da oben eine Wahrheit gibt, die größer ist. Dass inmitten aller Beteuerungen von Regierungschefs, dass sie doch alle nur unser Bestes wollen, dass da diese allumfassende Güte ist, die uns berührt und uns betrifft.
Es sind unendliche Weiten ... aber doch ganz nah!

---

[6] Fernsehserie „Raumschiff Enterprise" (Star Trek) USA 1966-1969 (Fortsetzung 1987-1994). Kreiert von Gene Roddenberry.

Mittwoch, 29.04.2020

Jesus sprach: Wahrlich, ich sage euch:
Wer das Reich Gottes nicht empfängt wie ein Kind,
der wird nicht hineinkommen.

Markusevangelium 10,15

In der Neukirchener Kinderbibel[7] wird dies wiedergegeben mit „Wenn ihr nicht werdet wie die Kinder" – aber wie sind Kinder? Seien wir mal ehrlich: Sie sind laut, stinken und kleben! Sie quengeln an der Supermarktkasse nach irgendwelchen Süßigkeiten, und manche Eltern im Homeoffice überlegen schon, die kleinen Racker dem Storch zurückzugeben ... oder freuen sich zumindest auf den 18. Mai, wenn die Pflichtschüler wieder zur Schule gehen können.

Aber Jesus sagt ja nicht, dass wir *zu Kindern werden* sollen, sondern dass wir das Reich Gottes *wie ein Kind empfangen* mögen.

Kinder galten in der antiken Gesellschaft nicht viel. In Palästina zur Zeit Jesu wurden sie in der religiösen Gesellschaft nicht ernst genommen, da sie das jüdische Gesetz noch gar nicht erfüllen konnten. Sie wurden gerne herumgestoßen und waren in verschiedener Hinsicht unerwünscht. Kein Wunder also, dass die Jünger die Kinder und deren Eltern auf Abstand halten wollten.

---

[7] Irmgard Weth, Neukirchener Kinder-Bibel ¹³2001 Neukirchen, S. 235.

Kinder sind darauf angewiesen, beschenkt zu werden. Genau dies erklärt Jesus zu ihrer Stärke: Genauso können auch wir uns nicht durch die Erfüllung irgendwelcher religiöser Pflichten den Himmel verdienen, sondern wir können dies nur als Geschenk annehmen.

Staunend, dankbar und beglückt – so gesehen sollten wir vielleicht doch wieder wie solche Kinder werden ...

Innviertler Video-Andachten und Zoom-Andachten

Gestaunt haben manche, die unsere erste Innviertler Video-Andacht am 26. April verfolgten. Aus einem 10-Euro-Schein hatte ich einen 50er gezaubert und dabei über den Wert des Menschen gepredigt. Am 26.04., 03. und 17. Mai gab es ein Video, am 10., 17. und 24. Mai Online-Andachten mit Zoom. Wir als Pfarrer (Tom Stark aus Ried/Schärding und ich) haben gemeinsam mit Mitarbeiter/innen unserer Gemeinden und z.T. Schüler/innen Texte, Gebete gelesen, Lieder wurden eingespielt und bei den Online-Gottesdiensten konnten wir uns sogar noch austauschen.
Eine für uns neue Gottesdienstform, die wir erst einmal austesten mussten. Aber die Resonanz war sehr positiv, so dass wir planen, noch eine Weile nach der offiziellen Wiederaufnahme des „normalen" Gottesdienstbetriebs ca. einmal im Monat eine Video-Andacht zu produzieren. Hoffentlich gehen mir dafür nicht die passenden Zauberkunststücke aus ...

Hier der Link:
https://www.youtube.com/channel/UCvIDE0c_khRh8fs2VTZUBEw

Donnerstag, 30.04.2020

Ich hebe meine Augen auf zu den Bergen.
Woher kommt mir Hilfe?

Psalm 121,1

Offen gestanden: Ich stamme aus dem Flachland. Wenn ich zu den Bergen aufschaue, denke ich eher: „Wer nimmt diesen Blödsinn endlich mal wieder weg, dass ich den Horizont sehen kann?!"

Im alten Israel aber hatten Berge eine andere Bedeutung: Kein Tourismus oder Heimatidylle, sondern Monumente, deren Spitzen den Himmel berührten und deswegen Orte der Gottesbegegnung.

Beim Blick auf diese Berge werden die persönlichen Sorgen und Ängste präsent: *Woher kommt mir Hilfe?*

In der Bibel werden hier Antworten geboten: Mose sieht auf einem Berg den brennenden Dornbusch und erhält hier die Weisungen für sein Volk, Elia sucht auf einem Berg Zuflucht bei Gott, und Jesus steigt auf einen Berg, um von dort seine Bergpredigt zu halten.

Diese Berge wollen nicht den Horizont verstellen oder das Tal in tiefe Schatten tauchen, sondern den Blick öffnen für das Wesentliche, für ein Leben mit Gott und mit den anderen Menschen. Zu einem solchen Berg würde auch ich meine Augen erheben.

Freitag, 01.05.2020

Gedenke des Sabbattages, dass du ihn heiligst. Sechs Tage sollst du arbeiten und alle deine Werke tun.
Aber am siebenten Tage ist der Sabbat des HERRN, deines Gottes. Da sollst du keine Arbeit tun, auch nicht dein Sohn, deine Tochter, dein Knecht, deine Magd, dein Vieh, auch nicht dein Fremdling, der in deiner Stadt lebt.
Denn in sechs Tagen hat der HERR Himmel und Erde gemacht und das Meer und alles, was darinnen ist, und ruhte am siebenten Tage. Darum segnete der HERR den Sabbattag und heiligte ihn.

Exodus 20,8-11

Der Sabbat ist der 7. Tag der Woche, der Samstag. Bei Juden noch heute der heilige Tag. Die Christen feiern ihren „Sabbat" am Sonntag – dem ersten Tag der Woche, dem Tag der Auferstehung, aber auch erster Schöpfungstag. Es ist der Tag, an dem wir von der Arbeit ausruhen dürfen. 2500 Jahre vor unserer ersten Gewerkschaft war hier ein Tag pro Woche bereits als Urlaubstag festgelegt. Dieser freie Tag galt auch für die Sklavinnen und Sklaven und die Fremdlinge – alle sollten damit vor Ausbeutung geschützt werden.

Da es heute wegen Corona keine 1.-Mai-Gewerkschaftsaufmärsche geben wird, erinnere *ich* eben an diesem Tag daran: Gott hat uns nicht nur die Arbeit gegeben, dass wir uns „damit plagen" (wie es beim Prediger Kohelet 3,10 steht), sondern eben auch die Freizeit, den Urlaub, die Erholung. Auch dies ist ein Geschenk Gottes, für das wir aber manchmal auch kämpfen müssen. Immer wieder stehen Feiertage oder Sonntage in Gefahr abgeschafft oder eingeschränkt zu werden. Denken wir nur an den Karfreitag!

Auch wenn einige jetzt von der Zwangsquarantäne genug haben: Lasst uns auch in Zukunft darauf schauen, dieses Geschenk von Gott zu behalten!

Denken wir aber auch an diejenigen, die gerne arbeiten würden, aber ihren Arbeitsplatz verloren haben oder in Kurzarbeit geschickt wurden, damit sich auch deren Situation rasch bessert und sie den Ruhetag auch *feiern* können.

Open Up Teil 1

Nun dürfen wieder alle Geschäfte öffnen – auch Einkaufszentren und Frisöre – besonders letztere erfreuen sich großen Andrangs, hat doch Corona bei einigen graue Haare sprießen lassen, die nun weggezaubert werden müssen ...
Die Gastronomie muss allerdings noch warten. Ab 15. Mai soll es auch hier wieder losgehen – natürlich mit allen Abstandsregeln. Wie genau steht noch nicht fest, nur dass es wohl maximal 4er-Tische geben wird.
Ich habe schon mal einen Tisch reserviert und freue mich auf ein frisch gezapftes Bier und irgendwas Deftiges dazu!

Ach ja: Hotels dürfen ab 29. Mai wieder Gäste empfangen.

Samstag, 02.05.2020

HERR, wer darf zu Gast sein in deinem Zelt?
Wer darf ausruhen auf deinem heiligen Berg?

Psalm 15,1

Der Psalm 15 ist eine kleine Litanei am Eingang des Tempels. Die Pilger draußen stellen diese beiden Fragen, darauf folgen die Einlassbedingungen durch die Priester am Tor: Nur wer ein gutes, gottgefälliges Leben führt, darf eintreten.

In diesen Tagen bekommen diese beiden rituellen Fragen eine neue Bedeutung. Letzte Woche wurde offiziell gestattet, dass ab 15. Mai wieder öffentliche Gottesdienste in Österreich stattfinden dürfen. Unter starken Einschränkungen wie Maskenpflicht, Sicherheitsabstand und einiges mehr. Anfangs hieß es auch, dass nur 1 Person pro 20 Quadratmetern Kirchenfläche erlaubt sei, inzwischen ist dies auf 10 Quadratmeter korrigiert worden. Staatlich vorgegeben sind Ordnerdienste, die darüber wachen sollen, dass nur eine bestimmte Anzahl Einlass findet.

Daher beginnen wir mit unseren Gottesdiensten erst mit Pfingsten und bis Sommer erst einmal langsam und vorsichtig; richtig los geht es dann wieder ab September. Auch im Vertrauen darauf, dass nach und nach diese Einschränkungen gelockert werden. Es ist geplant, wenn möglich den Gottesdienst in Mauerkirchen und Hochburg-Ach draußen zu feiern, wo nur der Abstand eingehalten werden muss.

HERR, wer darf zu Gast sein in deinem Zelt?
Wer darf ausruhen auf deinem heiligen Berg?

Meine Antwort darauf ist: Jede und jeder!

Ich will niemanden ausschließen.
Hat Jesus schließlich auch nicht gemacht.

10 Portal der Dankbarkeitskirche Braunau
(Foto: Jan Lange).

Jubilate, 03.05.2020

Das Alte ist vergangen, siehe, Neues ist geworden.

2. Korinther 5,17

Dies ist der zweite Teil des Wochenspruchs für diese Woche des Sonntags Jubilate. Der Apostel Paulus dachte dabei an die Neuschöpfung durch die Auferstehung Jesu. Das „Alte" ist damit die „alte Schöpfung". „Wer in Christus ist, ist eine neue Kreatur" setzt er diesem Satz voran.

In unserer Liturgie spreche ich diesen Vers bei der Absolution im Karfreitagsgottesdienst.

In diesen Tagen aber hat er einen seltsamen Beigeschmack gewonnen: Unsere Regierung sagt, dass es bald zu einer „neuen Normalität" kommen würde. Mir hat eigentlich die „alte Normalität" ganz gut gefallen. Ich bin mir daher nicht sicher, ob dieses „neue" auch gleichzeitig „besser" sein wird, oder ob es sich dabei nur um eine Zwischenlösung bis zur Entwicklung eines Heilmittels oder Impfstoffes gegen das aktuelle Coronavirus handelt.

Der heutige Sonntag heißt „Jubilate" – übersetzt „Jubelt!" Wir sollen jubeln, weil Jesus auferstanden ist und die Leidenszeit ein Ende hat. Lasst uns hoffen, dass auch diese Coronazeit bald vorbei ist, damit auch wir uns wie neu geboren fühlen und in Jubel ausbrechen können – sofern uns das „Neue" auch zusagt...

Montag, 04.05.2020

Wenn du durch Wasser gehst, will ich bei dir sein,
und wenn du durch Ströme gehst,
sollen sie dich nicht ersäufen.
Wenn du ins Feuer gehst, wirst du nicht brennen,
und die Flamme wird dich nicht versengen.

Jesaja 40,2

Heute ist der Gedenktag des Heiligen Florian, der am 04. Mai 304 in Enns ertränkt worden sein soll. Er ist Patron der Feuerwehr und Landespatron von Oberösterreich, weswegen unsere Maturanten erst Morgen wieder zur Schule gehen, um auf die schriftliche Reifeprüfung vorbereitet zu werden. Alle anderen österreichischen Maturantinnen und Maturanten sind bereits seit heute wieder in der Schule.

Mitte März wurden sie quasi ins kalte Wasser des sogenannten „Distance Learnings" gestoßen. Von den reichhaltigen und gut gemeinten Arbeitsaufträgen fast ersäuft, aber doch durch die Lehrerschaft fernmündlich oder -schriftlich begleitet, warten nun die heißen Flammen der Maturaprüfungen auf sie.

Auf Englisch wird dieser Tag ausgesprochen May the 4th – was Filmfans als Anfang von „May the Force be with you!" (also „Möge die Macht mit dir sein!") deuten und daher den 4. Mai als „Internationalen Star Wars-Tag" begehen.

Denken wir also heute an die Schülerinnen und Schüler – an diejenigen, die nun mit der Vorbereitung auf ihre Abschlussprüfungen beginnen; an diejenigen, die in zwei Wochen wieder zur Pflichtschule gehen und an diejenigen, die nach Pfingsten die Klassen der höheren Schulen wieder besuchen. Mögen sie dieses Schuljahr erfolgreich und gesegnet zum Ende bringen – mit allen irdischen, himmlischen und galaktischen guten Wünschen!

Mögen alle guten Mächte mit Euch sein!

11 Fiebermessung bei allen eintretenden Schülerinnen und Schülern am Eingang der HTL Braunau am 05.05.2020 (Foto: HTL Braunau).

Dienstag, 05.05.2020

... und nimmt nicht Geschenke wider den Unschuldigen.

Psalm 15,5b

Am Samstag habe ich den ersten Vers dieses Psalms betrachtet: Die Frage, wer in den Tempel darf - hier nun eine der Einlassbedingungen: Keine Korruption, niemand darf Geschenke annehmen und damit Unschuldigen Ungerechtigkeit zukommen lassen.

12 Friedrich der Weise, Lukas Cranach d. Ä., 1532 (Quelle: Wikipedia)

Heute im Jahr 1525 starb der sächsische Kurfürst Friedrich der Weise. Friedrich war ein Förderer Martin Luthers und der Reformation wohlwollend zugetan, konvertierte aber erst auf dem Sterbebett.

Er hatte die Universität Wittenberg gegründet, die bald dank zweier besonderer Professoren zu einem gewissen Ruhm kam: Philipp Melanchthon und sein bester Freund Martin Luther. Auch dies war ein Grund für Friedrich, Luther vor dem Zugriff von

Kaiser und Papst zu schützen.

Seine Leibesfülle dürfte der von Leuten gleichen, die mehrere Monate in Corona-Quarantäne zubringen, zumindest beschreibt ihn der päpstliche Nuntius Hieronymus Aleander als „fettes Murmeltier".

Papst Leo X. hatte mehrmals versucht, Friedrich zur Auslieferung Luthers zu bewegen. 1518 schenkte er ihm die begehrte „Goldene Rose", die höchste Auszeichnung des Papstes für besondere Verdienste um die katholische Kirche. Friedrich durchschaute diesen plumpen Bestechungsversuch. Im Luther-Film[8] von 2003 spielt Peter Ustinov in seiner Rolle als Friedrich diese Szene wunderschön aus (wenn der Film das nächste Mal im Fernsehen gezeigt wird, dann achtet mal darauf!).

... und nimmt nicht Geschenke wider den Unschuldigen.
Zumindest diese Einlassbedingung hat Friedrich erfüllt! Damit ist er ein gutes Vorbild für alle, die in unserer Gesellschaft ein Amt bekleiden oder wichtige Entscheidungen treffen!

---

[8] Luther, D, USA 2003. Regie: Eric Till. Darsteller: Joseph Fiennes, Alfred Molina, Claire Cox, Bruno Ganz, Peter Ustinov, Jonathan Firth u.a.

Glaubt ihr nicht, so bleibt ihr nicht.

Jesaja 7,9b

Was wie eine Drohung klingt, wie ein Zwang zum Glauben, ist eigentlich ein Aufruf, Gott zu vertrauen. König Ahas von Juda wird durch feindliche Heere aus dem Norden bedroht. Hier in der Hauptstadt Jerusalem lebt der Prophet Jesaja und tritt zum König. Fürchte dich nicht, Gott ist mit dir. Deine Feinde werden keine Chance haben. Und dann diese Worte: *Glaubt ihr nicht, so bleibt ihr nicht.*

Ein Wortspiel. Die Verben „glauben" und „bleiben" leiten sich vom selben Wort her. „Aman" – also „glauben" meint eigentlich „sich an etwas festhalten" oder „vertrauen". Das andere Verb „Amēn" meint eigentlich „Bestand haben" oder „fest stehen". Schöner formuliert erklärt Jesaja seinem König: „Wenn du dich nicht an Gott festhältst und ihm vertraust, sondern nur auf deine eigene Angst hörst, dann verlierst du den Boden unter deinen Füßen und rutschst aus!"

Übrigens: Das in unseren Gottesdiensten übliche „Amen!" kommt auch daher. Es heißt übersetzt so viel wie „so sei es" oder „das bekräftige ich".

Auf welchem Boden stehen wir? Woran halten wir uns fest? Wem vertrauen wir? Inzwischen werden immer mehr der Beschränkungen zurückgenommen. Wir haben einen Fahrplan, wann die Schulen wieder besucht werden dürfen, wann die Gastronomie und die Hotels aufsperren, ab wann wir wieder Gottesdienste feiern können usw.

Dennoch bleibt immer noch die Sorge, wie es mit dem Virus weitergeht, ob es vielleicht doch noch da draußen vor den Stadtmauern lauert und seine Truppen um sich schart wie die Feinde König Ahas.

Hier nun ruft *uns* Jesaja Mut zu. Halten wir uns an Gott und den vom ihm geschenkten gesunden Menschenverstand. Halten wir den nötigen Sicherheitsabstand ein und vermeiden unnötige Risiken.

Doch lassen wir uns nicht verrückt machen und uns von der Angst auffressen.

Donnerstag, 07.05.2020

Du sollst dir kein Bildnis noch irgendein Gleichnis machen,
weder von dem, was oben im Himmel,
noch von dem, was unten auf Erden,
noch von dem, was im Wasser unter der Erde ist:
Bete sie nicht an und diene ihnen nicht!

Exodus 20,4-5a

Das zweite Gebot, das von orthodoxer, katholischer und lutherischer Seite gerne als Anhängsel des ersten Gebots unter den Tisch fallen gelassen wird, aber bei den evangelisch-reformierten und bei Juden einen hohen Stellenwert einnimmt. Ein „Bildnis" ist eine kleine Götterfigur. Damals wurden die Gottheiten figürlich und hierbei meist als Tier (wie z.B. Baal als Stier) oder mit besonderen Attributen dargestellt, die der Gottheit besondere Eigenschaften geben. Gleichzeitig machten sich die Menschen mit dieser Figur auch die entsprechende Gottheit verfügbar. Dieser Gott steht bei *mir* im Haus auf *meinem* Kamin, also soll er bitteschön auch *mir* dienen.

Das Bilderverbot soll Gott vor dieser Vereinnahmung schützen. Oder besser gesagt: Es soll uns Menschen davor schützen, dass irgendein Herrscher oder Priester denkt, er hätte Macht über Gott oder würde exklusiv in dessen Namen sprechen.

Verbot von Bildnissen. Aber doch können wir uns Gott nur in Bildern vorstellen und nur in Gleichnissen von Gott sprechen. Das Bildnisverbot ist auch deswegen so wichtig, weil Gott größer ist als alle unsere Bilder.

Ein solches Bild ist wie ein Finger, der auf den *Mond* zeigt. Manche aber schauen nur auf den *Finger*. Sie verwechseln diesen Finger mit dem Mond. Sie beten den Finger an, setzen ihn auf ihre Banner und bekämpfen alle anderen Finger.

Übersetzt heißt das: Sie beten ihr *Bild von Gott* an, nicht Gott!

Heute, am 07. Mai, ist Vollmond. Ich möchte Euch einladen, heute einmal zum Mond aufzuschauen, mit dem Finger auf ihn zu zeigen. Und dabei an alle Bilder denken, die wir so von Gott haben. Alle sind irgendwie richtig, aber decken Gott nicht ab.

So gesehen, ist der Mond ein Fingerzeig Gottes.

*13 Vollmond am 07.05.2020
(Foto: Anton Planitzer)*

Freitag, 08.05.2020

Gott spricht: Fürchte dich nicht, denn ich habe dich erlöst;
ich habe dich bei deinem Namen gerufen; du bist mein!

Jesaja 43,1

Heute ist der 8. Mai. Vor 75 Jahren endete der zweite Weltkrieg in Europa, endete die Nazi-Diktatur, die für millionenfachen Tod verantwortlich ist.

Im vergangenen Jahr hatte das Mauthausenkomitee das Motto der Gedenkveranstaltungen „Niemals Nummer. Immer Mensch." ausgerufen. Eine Anspielung darauf, dass die Gefangenen in den Konzentrationslagern eine Häftlingsnummer eintätowiert bekamen und ganz ihrer Menschlichkeit, ihrer Würde und sogar ihres Namens beraubt wurden. Eine Nummer, die der Demütigung diente. Wir tragen heute auch verschiedene Nummern – Kundennummern, Sozialversicherungsnummern, Personalnummern. Sie dienen der Zuordnung in elektronischen Datenbanken. Ist sicherlich ganz praktisch, um sicherzugehen, dass wir der richtigen Person etwas schicken oder eine Rechnung schreiben. Aber den Menschen erfassen wir damit nicht.

Gott ruft uns nicht mit den Worten „Hab keine Angst, Nummer 4050 00 3889!" Nein, wir sind keine Nummer bei ihm, sondern immer Mensch mit einem Namen.

Der Name hatte im alten Israel eine besondere Bedeutung: Gott gibt einzelnen Menschen neue Namen: Aus Abram wird

Abraham (übersetzt: „Vater vieler Völker"), aus Saraj wir Sarah („Fürstin"), aus Jakob („er wird betrügen") wird Israel („er streitet mit Gott"). Dem ersten Menschen überlässt er es, die Tiere zu benennen. Und dem Josef schließlich sagt er, er solle seinen Sohn Jesus nennen – übersetzt „er wird retten."

Wenn Gott uns beim Namen ruft, dann meint er den ganzen Menschen. Die ganze Würde. Alles, was uns ausmacht.

1992 begann der Künstler Gunter Demnig das Projekt „Stolpersteine". In fast allen Städten, aus denen Menschen vom NS-Regime verschleppt, verhaftet, umgebracht wurden, erinnern kleine quadratische Messingtafeln vor den Haustüren an die Opfer. Ihre Namen sind eingraviert und nun wieder deutlich lesbar. Inzwischen gibt es weit über 75.000 dieser Gedenkplatten. Von den Nationalsozialisten ihrer Würde beraubt und den Namen durch eine Nummer ersetzt, geben wir ihnen die Würde und den Namen zurück, wenn wir, wo auch immer wir einen entdecken, kurz innehalten und den Namen lesen.

Gott spricht: Fürchte dich nicht, denn ich habe dich erlöst; ich habe dich bei deinem Namen gerufen; du bist mein!

Das Motiv der Namensgebung und der Wichtigkeit von Namen begegnet auch im Roman „Die unendliche Geschichte" von Michael Ende (1979).

Samstag, 09.05.2020

Jesus spricht: Ich bitte aber nicht allein für sie, sondern auch für die, die durch ihr Wort an mich glauben werden, dass sie alle eins seien.

Johannesevangelium 17,20-21a

Heute ist der Gedenktag von Nikolaus Ludwig Graf von Zinzendorf. Er starb am 09. Mai 1760 kurz vor Vollendung seines 60. Lebensjahres.

14 Graf von Zinzendorf, Künstler unbekannt (Quelle: Wikipedia)

Pietistisch aufgewachsen und erzogen studierte er in Wittenberg Rechtswissenschaft und begab sich anschließend auf eine Kavaliertour in die Niederlande und nach Frankreich. Hier schloss er mit Angehörigen anderer Konfessionen Freundschaften – unter anderem mit Kardinal Louis-Antoine de Noailles, mit dem er stets im Briefkontakt blieb. Für ihn öffnete sich so die Idee einer konfessionsübergreifenden Einheit der Christen, so wie es Jesus in seinem Gebet um die Einheit angeregt hatte.

Ökumene oder gar Kircheneinheit waren im 18. Jahrhundert allerdings unmöglich. Zinzendorfs große Stunde kam aber, als er ein Jahr später (1722) evangelische Glaubensflüchtlinge aus Mähren bei sich aufnahm. Es waren

Nachfahren der „Böhmischen Brüder", die sich auf Jan Hus beriefen. Sie gründeten auf den Ländereien Zinzendorfs die Siedlung „Herrnhut" – weil sie sich hier in der „Obhut des Herrn Jesus" geborgen wussten.

Zinzendorf wurde ein großer Förderer der Gemeinschaft, die ihn später auch als ihren Bischof annahm. Die „Herrnhuter Brüdergemeine" versteht sich bis heute als überkonfessionelle Glaubensbewegung, gehört aber u.a. auch der Evangelischen Kirche in Deutschland und der Gemeinschaft Evangelischer Kirchen in Europa an. Zinzendorf betätigte sich auch als Kirchenlieddichter.

Seit 1731 veröffentlichen die Herrnhuter die „Tageslosungen": Insgesamt 1824 Verse des Alten Testaments befinden sich in einem Lostopf, und für jeden Tag wird einer gezogen. Dazu kommt dann ein passender Vers aus dem Neuen Testament. Der gezogene Vers wird erst einmal aussortiert und erst nach drei Jahren wieder in den Lostopf gegeben, damit sich die Losungen nicht zu häufig wiederholen.

Die Tageslosungen bilden auch die Grundlage für die Mittagsandachten, die von der Evangelischen Kirche in Österreich zurzeit von Montag bis Samstag auf YouTube gesendet werden.

In einer Zeit, als die Konfessionen sich bewusst voneinander abgrenzten, wagte Zinzendorf mit der Herrnhuter Brüdergemeine einen Schritt in die Ökumene. So sind wir heute, an seinem 260. Todestag, besonders eingeladen diesen Weg weiterzugehen und öfter gemeinsam zu feiern.

Kantate, 10.05.2020

Singet dem Herrn ein neues Lied, denn er tut Wunder!

Psalm 98,1 (Wochenspruch für Kantate)

Die Reformatoren haben diesen Aufruf wörtlich genommen und den Gemeindegesang im Gottesdienst eingeführt. Bis dahin hatten Chöre den (meist lateinischen) Gesang übernommen, und die Gläubigen hatten keine Ahnung, worum es in den Liedern gerade geht.

Nun wurden bestehende Lieder übersetzt und erweitert, einige neu komponiert oder aber auf bekannte Melodien (z.B. Wirtshausliedern) ein neuer, geistlicher Text gedichtet. Ziel sollte es sein, die evangelische Botschaft, das Evangelium möglichst schnell und nachhaltig in die Köpfe und Herzen einfließen zu lassen. Das geht am besten über den gemeinsamen Gesang.

Doch wo und wann singen wir heutzutage noch (außer im Gottesdienst)? Vielleicht gab es heute das eine oder andere Muttertagsständchen? Wir singen auch, wenn jemand Geburtstag hat. Oder im Fußballstadion. Oder bei einschlägigen Casting-Shows im Fernsehen – bei den meisten, die sich als künftige „Superstars" oder „Supertalente" sehen, wünsche ich mir allerdings, dass sie bitte lieber nicht singen ... zumindest nicht öffentlich.

Anders sieht es natürlich im Gottesdienst aus, wenn ich gerade bei Taufen, Hochzeiten, Konfirmationen usw. die Gemeinde mit den Worten auffordere mitzusingen: „Keine

Angst, es gibt keine falschen Töne, höchstens andere, und auch die sind willkommen." Ich staune dann manchmal, wie viele andere Töne es so gibt ...

Doch können wir diesen Aufruf auch übertragen verstehen: Nicht immer dieselbe alte Leier, sondern einen neuen Blick auf unser Leben wagen. Die Welt mit anderen Augen sehen. Die Quarantäne-Maßnahmen haben uns dazu gezwungen auf vieles, das uns selbstverständlich geworden war, zu verzichten. Einiges wird nun langsam wieder erlaubt, doch anderes wird noch eine Weile unerreichbar oder undurchführbar bleiben.

Das gilt auch für den Gesang in den Gottesdiensten, der laut Empfehlung vorerst noch sehr sparsam durchgeführt werden soll.

Doch bildet gerade der Gesang etwas Verbindendes, er stiftet Gemeinschaft. Das ist genau das, was wir gerade brauchen – trotz aller Abstandswahrung. Freuen wir uns darauf, wann das wieder möglich ist.

Montag, 11.05.2020

Man muss Gott mehr gehorchen als den Menschen.

Apostelgeschichte 5,29

Am vergangenen Samstag, dem 09. Mai hatte ich an Graf von Zinzendorf erinnert, da dies dessen 260. Todestag war. Dieser Tag war aber auch der 99. Geburtstag einer anderen bedeutenden Persönlichkeit: Sophie Scholl. Für kommendes Jahr haben wir eine Matinee anlässlich ihres dann 100. Geburtstags geplant – mit einer Referentin der „Weißen-Rose-Gesellschaft" München.

Sophie Scholl wurde 1921 im Baden-Württembergischen Forchtenberg geboren, wo sie mit ihren vier Geschwistern aufwuchs, bevor die Familie nach Ulm übersiedelte.

Von ihrer Mutter Magdalena, die bis zu ihrer Heirat eine Diakonisse war, und ihrem liberalen Vater Robert wurde sie evangelisch erzogen, wobei die christlichen Werte sehr wichtig waren.

Als junges Mädchen ließ sie sich vom nationalsozialistischen Gedankengut begeistern, trat dem „Bund deutscher Mädel" bei und stieg hier schnell zur Scharführerin auf. Daneben aber nahm sie auch an Gruppentreffen der „deutschen Jungenschaft vom 1. November 1929" teil, die wie alle anderen Nicht-NS-Organisationen bereits verboten war. 1937 wurden Sophie und ihre Geschwister für einige Stunden verhaftet, weil sie weiterhin bei der „Bündischen Jugend" engagiert dabei waren.

Nach ihrem Abitur wurde sie zum Reichsarbeitsdienst eingezogen. Sie las in dieser Zeit Schriften des Kirchenvaters Augustin, die zunehmend ihre politische Haltung änderten. Sie begann im Mai 1942 mit ihrem Studium der Biologie und Philosophie in München und lernte hier durch ihren Bruder Studenten kennen, die sie in ihrer Ablehnung des NS-Regimes bestärkten. Ihr Bruder und die anderen Studierenden hatten die Widerstandsgruppe „Weiße Rose" gegründet, der sich Sophie bald anschloss. Auf Flugblättern riefen sie zum Sturz der Regierung und zum Kriegsende auf.

Am 18. Februar 1943 wurden sie beim Verteilen in der Münchener Universität verhaftet, vier Tage später in einem Schauprozess vom Volksgerichtshof zum Tode verurteilt und noch am selben Tag hingerichtet. In den folgenden Wochen wurden auch weitere Mitglieder der Weißen Rose gefasst und umgebracht.

Man muss Gott mehr gehorchen als den Menschen.

15 Geschwister Scholl-Mahnmal in der Universität München (Quelle: Wikipedia)

Wie schon Petrus wollte auch Sophie Scholl die unmenschlichen Gesetze der Menschen nicht befolgen, sondern sich an den lebensspendenden Worten Gottes orientieren. Ihren Kampf gegen die Nazi-Diktatur mussten auch manche andere mit dem Leben bezahlen. Unter ihnen

Dietrich Bonhoeffer und Georg Elser, die beide vor 75 Jahren, am 09.04.1945 ermordet wurden. Der eine in Flossenbürg, der andere in Dachau.

Sie alle wollen uns auffordern, über uns, unsere Gesellschaft, unsere Gesetze und unser Menschenbild immer wieder kritisch nachzudenken.

Man muss Gott mehr gehorchen als den Menschen. – Diese Worte sprach der Apostel Petrus zu jenen, die ihn zum Schweigen bringen wollten. Er nahm es in Kauf, deswegen getötet zu werden.

Wir brauchen hier Gott sei Dank nicht um unser Leben zu fürchten, wenn wir uns auf Gott berufen. Umso mehr aber sollen wir dieses Vermächtnis annehmen und danach handeln.

Dienstag, 12.05.2020

Jesus spricht zu Petrus: Ich will dir die Schlüssel des Himmelreichs geben: Was du auf Erden binden wirst, soll auch im Himmel gebunden sein, und was du auf Erden lösen wirst, soll auch im Himmel gelöst sein.

Matthäusevangelium 16,19

Vermutlich sah sich die Gemeinde des Matthäus irgendwie mit Petrus verbunden. Vielleicht hatte dieser Apostel sogar diese Gemeinde gegründet. Aber inzwischen war ein gewisser Müßiggang ins Leben eingekehrt, und somit lesen wir immer wieder im Matthäusevangelium von den Faulen, die nicht ins Himmelreich kommen: Das Unkraut unter dem Weizen, die klugen und die törichten Jungfrauen, die Schafe und die Böcke sind dazu einige Beispiele.

Das Wort von den Schlüsseln des Himmelreichs wurde als Machtinstrument der Päpste weiterentwickelt: Absolution erteilen oder nicht, Exkommunizierung oder Wiederaufnahme. Das Seelenheil des vermeintlichen Sünders lag nun in einer menschlichen Hand.

Ich bin mir aber nicht sicher, ob dies im Sinne Jesu ist. „Gewinnt die Menschen aller Völker für meine Sache," gibt er seinen Jüngern als bleibenden Auftrag. Ich möchte das Bild daher umdrehen: Ich sehe hier nicht Schlüssel, die den Himmel auf- oder zusperren, sondern die Schlüssel des Himmels zu den Herzen der Menschen. Schlüssel, die sich in unseren Gaben und Talenten zeigen. Wir alle haben verschiedene Schlüssel erhalten, um damit die Herzen der

Menschen für Gott zu öffnen, für Gott zu begeistern und Glauben zu wecken.

Vielleicht passen einige nicht. Ich kann mit ein und demselben Schlüssel die eine für Gott gewinnen und den anderen abschrecken. Vielleicht kann es ein anderer Schlüsselbund besser. Ein Schlüsselbund, den ich nicht besitze, sondern jemand anderes. Und das ist auch gut so. Jeder Mensch ist anders, hat andere Fragen und Bedürfnisse, andere Hoffnungen und Ängste, andere Bilder und Vorstellungen von Gott. Diese Vielfalt ist ein Schatz und diese Vielfalt zu akzeptieren und zu fördern eine große Herausforderung. Diese Vielfalt unter einen Hut zu bringen – oder, um im Bild zu bleiben, in einen Himmel – benötigt viel Toleranz auf allen Seiten und gegenseitigen Respekt.

Daher bin ich froh, dass wir alle verschiedene Schlüssel haben, um viele Menschen zu erreichen, auf dass der Himmel voll werde ... aber bitte nicht sofort ...

16 Schlüssel (Foto: Jan Lange).

17 Baum am Wasser (Foto: Ingrid Lange, Mai 2020)

Mittwoch, 13.05.2020

Der Gottesfürchtige gleicht einem Baum, der am Wasser gepflanzt ist. Seine Früchte trägt er zu seiner Zeit und seine Blätter welken nicht. Alles, was er tut, gelingt ihm gut.

Psalm 1,3

Seit Jahren klagen Meteorologen und die Landwirtschaft über zu viel Trockenheit; auch der Grundwasserspiegel sinkt. In einigen Landstrichen werden Swimmingpool-Besitzer bereits schief angesehen. Auch mein Walnussbaum im Garten hat heuer sehr wenig Blätter, sodass ich mir Sorgen um die Nussernte im Herbst mache.

Ganz anders klingt da unser Psalmvers. Ganz am Anfang des Buches der Psalmen steht hier dieses wunderbare Bild des Lebens und der guten Ernte. Es geht hier nicht um äußere Einflüsse wie Wetter oder Klima. Dieser Baum mit seinen guten Früchten, das sind wir. Gott hat uns gestern die Himmelsschlüssel überreicht, heute nun sagt er uns mit diesem Bild die nötige Kraft (also das Wasser) zu, damit wir gute Früchte bringen und damit unserem Leben einen guten Sinn geben. Wir brauchen nur unsere Wurzeln nach ihm auszustrecken und seine Kraft und seinen Segen in uns aufzunehmen.

Wenn wir auf Gott vertrauen, dann werden wir es erleben: *Alles, was er tut, gelingt ihm gut.*

Donnerstag, 14.05.2020

Der HERR ist mein Hirte, mir wird nichts mangeln.
Er weidet mich auf einer grünen Aue und führet mich zum
frischen Wasser. Er erquicket meine Seele.

Psalm 23,1-3a

Der Beginn von Psalm 23. Es ist ein Lebenspsalm, der zu allen Lebensstationen – Taufe, Konfirmation, Trauung und Beerdigung – gelesen werden kann. Wir können uns auch heute noch in so manchem Bild wiederfinden und unsere eigene Lebenssituation hineininterpretieren. Daher möchte ich heute und an den folgenden beiden Tagen die Abschnitte dieses Psalms betrachten.

Es ist einer jener Psalmen, bei denen wir an König David denken sollen, dem Hirtenjungen, der zum König wurde. Als Hirte hatte David für die Schafe und Ziegen zu sorgen. Hirten beschützten ihre Tiere und suchten Nahrung und Wasserquellen. Sie schlachteten sie nicht. In diesem Psalm also dürfen wir uns Gott als Hirten vorstellen, der uns Schafe versorgt.

So führt uns unser Hirte zu saftigen grünen Auen und frischem Quellwasser, das zum Entspannen und Ruhefinden einlädt; aus der Sicht eines Schafes oder einer Ziege das Paradies auf Erden.

Im Bild steht dies für all die schönen Zeiten, die wir im Leben erfahren dürfen. Wege voller Sonnenschein. Aber auch Zeiten der Regeneration.

Da morgen die Gastronomie wieder aufsperren darf, ersetzen wir jetzt einmal das Quellwasser durch ein frisch gezapftes Bier und die grüne Aue durch einen Gastgarten.

Einen solchen Hirten wünsche ich mir jeden Tag!

18 Frisch gezapftes Bier am 15.05.2020. (Foto: Jan Lange)

Freitag, 15.05.2020

Er führet mich auf rechter Straße um seines Namens willen. Und ob ich schon wanderte im finstern Tal, fürchte ich kein Unglück; denn du bist bei mir, dein Stecken und Stab trösten mich.

Psalm 23,3b-4

In unserem Leben müssen wir immer wieder Entscheidungen treffen – gehen wir nach links oder rechts oder geradeaus? Auf unser Leben übertragen: Wie gestalte ich mein Leben? Wenn wir uns für eine Ausbildung, ein Studium, einen Beruf entscheiden; wenn wir eine Familie gründen; unseren Lebensmittelpunkt an einem bestimmten Ort wählen, dann hat all dies Auswirkungen auf unser weiteres Leben.

Ich weiß nicht, ob unser Lebensweg vorgegeben ist. Aber ich weiß, dass es entlang dieses Pfades immer wieder Wegweiser und Straßenschilder gibt, die mich an ein gerechtes Leben und an Rücksicht auf andere Menschen aufmerksam machen. Und ich weiß mich von Gott begleitet: Sein Name lautet auf Hebräisch „Jahwe" – übersetzt „er ist da". Gott ist stets dabei und begleitet uns. Wir müssen keinen Weg allein gehen. Ganz besonders nicht in den „finsteren Tälern" unseres Lebens.

Corona ist ein solches Tal. Viele haben ihren Arbeitsplatz verloren oder sind noch in Kurzarbeit, in Insolvenz oder in Zahlungsschwierigkeiten. Einige haben Angehörige oder Freunde verloren und durften nicht bei der Beerdigung dabei sein. Andere waren oder sind selbst am Covid-19 erkrankt oder sind gar wegen des Virus oder mit ihm gestorben.

Auch wenn wir ihn nicht sehen oder spüren: Gott ist bei uns und will uns Trost und Beistand spenden. Und so sehen auch wir es vielleicht, dass am Ende dieses Tals das Licht Gottes hereinbricht.

Open Up Teil 2

Nachdem die Maturant/innen und die Schülerschar der Abschlussklassen bereits am 4. Mai (bzw. in Oberösterreich am 5. Mai) wieder zur Schule kamen, folgen nun die Kinder der Pflichtschulen (also Volksschule und Unterstufe). Allerdings im „verdünnten Betrieb", d.h. die Klassen werden geteilt, die eine Hälfte hat heute, die andere morgen Unterricht. Oder die eine Gruppe von Montag bis Mittwoch, die andere Donnerstag bis Freitag und nächste Woche wird gewechselt. Oder wie auch immer. Es folgten viele Telefonate zwischen Lehrerschaft und Eltern, aber auch zwischen den Schulen. Eltern mit mehreren Kindern in verschiedenen Schulen möchten gerne ihre Gören alle gleichzeitig loswerden und nicht heute dies und morgen das andere um sich haben. Wir haben immerhin noch weitestgehend Home-Office ...
Ende Mai stehen die Abschlussprüfungen an, nach Pfingsten kommen die höheren Schüler/innen wieder zum Unterricht – für ca. 6Wochen (da auch hier „verdünnt", sind es natürlich nur 3 volle Wochen). Ob sich das überhaupt lohnt?

Samstag, 16.05.2020

Du bereitest vor mir einen Tisch im Angesicht meiner Feinde.
Du salbest mein Haupt mit Öl und schenkest mir voll ein.
Gutes und Barmherzigkeit werden mir folgen mein Leben lang und ich werde bleiben im Hause des Herrn immerdar.

Psalm 23,5-6

Die Tischgemeinschaft war schon immer etwas sehr Wichtiges. Wenn ich mit jemandem gemeinsam an einem Tisch esse, dann habe ich mit ihm Frieden. Das ist auch die Botschaft des Abendmahls, der Eucharistie, der Kommunion: Gott sagt im Reichen von Brot und Wein zu uns: „Ich habe dich lieb, ich nehme dich an, so wie du bist, du bist mir willkommen!"

In diesem Psalm deckt Gott für uns einen Tisch – und zwar *„im Angesicht meiner Feinde"*. Gemeint sind Widersacher, Bedränger, Gegner. Wenn alle gegen mich sind. Wenn ich auf einen Verdacht hin öffentlich diskreditiert werde, wenn alle mit dem Finger auf mich zeigen oder mich nicht mehr kennen wollen. Gott deckt mir seinen Tisch. Er steht zu mir, ganz gleich, was ich ausgefressen haben mag oder ob ich nur Opfer einer Kampagne bin.

Ja, mehr noch: Er salbt mein Haupt mit Öl. Im alten Israel wurden die Könige mit Öl gesalbt. Das war deren Krönungszeremonie. Im Psalm werden **wir** zu Königinnen und Königen. Also in Gottes Augen unendlich wertvoll.

Er schenkt mir voll ein. Ich stelle mir vor, wie ich einen Kelch mit einem edlen Wein in Händen halte. Vielleicht Grüner Veltliner, vielleicht aber auch ein Château Mouton Rothschild 1986er.

Ich darf mich meines Lebens freuen. Es ist ein Geschenk Gottes. Nicht nur Brot und Wasser also Nahrung, sondern Wein als Zeichen der Feier.

Das ist kein einmaliges Ereignis. *Mein Leben lang* soll dies für mich gelten. Gott hält uns die Türen zu seinem Haus auf. Wir brauchen nur einzutreten.

Rogate, 17.05.2020

Liebe deinen Nächsten wie dich selbst!

Levitikus 19,18

Heute hätte unser ökumenischer Jugendgottesdienst in Mauerkirchen sein sollen. Ursprünglich sogar am 15. März. Wurde wegen Corona auf heute verschoben. Und nun wegen Corona erst einmal ganz abgesagt. Das Thema hätte sein sollen: „Bin ich schön?" Dazu ein Anspiel mit zwei schnellen „Vorher-Nachher"-Verwandlungen: Ein Mädchen einerseits und ein Junge andererseits werden jeweils von ihren Freundinnen bzw. Freunden in Sachen Styling „beraten". Unsicher treten sie kurz hinter den Vorhang und kommen sofort wieder „verwandelt" heraus – mit neuem Outfit und aufgebrezelt. Da unter unseren Konfirmanden zwei Zwillingspaare sind, wäre dies ein lustiger Effekt geworden.

In der Mode, Gesellschaft, Fernsehen – vor allem aber auf Instagram & Co. werden z.T. fragwürdige Schönheitsideale vermittelt. Viele davon haben zur Folge, dass sich manche Jugendliche in ungesunder Art und Weise plagen und abmagern, chirurgische Eingriffe vornehmen oder gar Sport betreiben.

Liebe deinen Nächsten wie dich selbst! – wir kennen diesen Satz als Teil des sogenannten „Doppelgebots der Liebe": In den Evangelien tritt jemand zu Jesus und fragt ihn nach dem höchsten Gebot. Sie einigen sich auf zwei Verse aus der Thora:

Du sollst den HERRN, deinen Gott, lieb haben von ganzem Herzen, von ganzer Seele und mit all deiner Kraft. (Deuteronomium 6,4-5) und eben *liebe deinen Nächsten wie dich selbst* (Levitikus 19,18)

Doch eigentlich ist dies sogar ein „Dreifachgebot der Liebe", denn wir sollen auch *uns selbst* lieben.

Damit ist keine Eigenliebe oder Egoismus gemeint, sondern wir sollen uns so annehmen, wie wir sind.

Wir brauchen uns von niemandem einreden zu lassen, wie wir sein sollen. Es ist gut so, wie wir sind. Mögen sich künftig die Mode, Gesellschaft, Fernsehen, Instagram & Co. an uns orientieren und nicht umgekehrt!

Zumindest habe ich schon vor längerer Zeit meine Waage aus meinem Haushalt verbannt!

19 Aktion beim Jugendgottesdienst ("Jugenddings") am 24.11.2019 (Foto: Jan Lange)

Montag, 18.05.2020

Führe ich gen Himmel, so bist du da;
bettete ich mich bei den Toten, siehe, so bist du auch da.
Nähme ich Flügel der Morgenröte
und bliebe am äußersten Meer,
so würde auch dort deine Hand mich führen
und deine Rechte mich halten.

Psalm 139,8-10

Dieser Psalm ist ein Loblied auf Gottes Allwissenheit und Allgegenwart. In poetischen Bildern erzählt er, dass es keinen „gottverlassenen" Ort auf der Welt gibt. Weder oben im Himmel noch unten im Totenreich, das sich die Menschen damals als eine Höhle tief unter dem Erdboden vorstellten. Ebenso ist uns Gott auch auf dem Erdboden stets nahe. Im fernen Osten, da, wo die Sonne aufgeht – ausgedrückt als „Flügel der Morgenröte" – und im fernen Westen, da, wo man von Palästina aus nur das unendlich weite Mittelmeer sehen kann.

Wann immer bei uns irgendein Unglück geschieht, fragen wir: Wo ist Gott? Wenn Menschen bei Katastrophen sterben oder an einer schweren Krankheit leiden, wird der Ruf laut. Meist mit dem Unterton: „Warum lässt er das zu, warum tut er nichts dagegen, kann er nicht endlich mal seinen Achtersteven in dieser Angelegenheit bewegen?!"

Zumindest die Frage nach dem „Wo" beantwortet der Beter dieses Psalms sich selbst: Er ist da. Mitten dabei.

Er hält uns tröstend und stärkend an der Hand, egal was auch geschieht oder was wir durchmachen. Wir sind dabei nicht allein.

Auf der ganzen Welt gibt es keinen Platz, wo uns Gott nicht findet, um uns beizustehen.

Das macht uns Mut, dies alles durchzustehen.

Dienstag, 19.05.2020

Deine Augen sahen mich, da ich noch nicht bereitet war, und alle Tage waren in dein Buch geschrieben, die noch werden sollten und von denen keiner da war.

Psalm 139,16

Gott kennt uns ganz genau, er sieht alles, was wir machen oder was wir tun werden. Alles ist bereits festgeschrieben. Eine Vorstellung, die mir überhaupt nicht behagt!

Wenn wir uns schon Sorgen machen über den „gläsernen Menschen" – aufgrund von Apps auf unseren Mobiltelefonen oder unseren Kreditkarten – wie wäre es dann damit, dass unser ganzer Lebensweg vorgegeben sein soll? Dass Gott vielleicht gar alles aufschreibt, was wir an kleineren Sünden anstellen, um seine Aufzeichnungen dann am Ende gegen uns zu verwenden?

Der Beter des Psalms sah einen großen Trost im Bewusstsein, dass Gott ihn genau kennt – und eben weiß, dass er unschuldig und immer brav ist und brav sein wird. Dass alle Menschen, die ihm nachstellen, falsch liegen.

Für mich ist die Vorstellung angenehmer, dass Gott über uns Buch führt, weil wir ihm wichtig sind, wie ein Tagebuch oder Poesie-Album. Wie die beiden Engel im Film „Der Himmel über Berlin"[9]– unser Leben ist etwas Besonderes und Wichtiges, es soll nicht vergessen werden. Wir dürfen noch viele schöne Tage erleben – denn das Buch Gottes, in das er alles hineinschreibt, ist noch lange nicht voll; es hat noch viele Seiten zum Befüllen.

---

[9] Der Himmel über Berlin, D 1987. Regie: Wim Wenders, Darsteller: Bruno Ganz, Solveig Dommartin, Otto Sander, Peter Falk u.a.

Mittwoch, 20.05.2020

Erforsche mich, Gott, und erkenne mein Herz; prüfe mich und erkenne, wie ich's meine. Und sieh, ob ich auf bösem Wege bin, und leite mich auf ewigem Wege.

Psalm 139,23-24

20. Mai. Heute ist der 113. Geburtstag von Franz Jägerstätter. Er war ein junger Bauer und Messdiener hier im Bezirk Braunau, in St. Radegrund. Er war der Einzige im Dorf, der 1938 gegen den Anschluss Österreichs ans Deutsche Reich gestimmt hatte und verweigerte 1943 den Kriegsdienst, woraufhin er wegen „Wehrkraftzersetzung" verhaftet und zum Tod durch das Fallbeil verurteilt und hingerichtet wurde.

Er erklärte seine Haltung mit einem Traum, den er im Jänner 1938 hatte: Ein Zug, in dem alle Menschen begeistert hineindrängten. Er fragte, wohin dieser Zug fahre und erhielt die Antwort: „Dieser Zug fährt in die Hölle!" Er sah im Nationalsozialismus eben diesen Zug, der Menschen verführte, einzusteigen und mit den Menschen in die Hölle fährt. Da wollte er nicht mitmachen. Er sah, dass dies ein böser Weg sei und wollte lieber auf ewigem Wege gehen. Auch wenn ihn dies sein Leben kosten würde. So gut und solange es ging, wurde er von seinem Bürgermeister und seinem Pfarrer beschützt, doch konnten auch sie ihm schließlich nicht mehr helfen.

Am 9. August 1943 wurde er in Brandenburg umgebracht. Nach dem Krieg war er nicht unumstritten. Es hat lange gedauert, bevor er anerkannt und entsprechend gewürdigt wurde. 2006 wurde vor seinem Haus ein Stolperstein verlegt und in Braunau der Jägerstätter-Park eröffnet. Zum 100. Geburtstag wurde er von Benedikt XVI. seliggesprochen.

Erforsche mich, Gott, und erkenne mein Herz; prüfe mich und erkenne, wie ich's meine. Und sieh, ob ich auf bösem Wege bin, und leite mich auf ewigem Wege.

1943 ist auch das Todesjahr von Gerhard Herz, dem Pfarrer der evangelischen Pfarrgemeinde Braunau. Er starb im Lazarett an der Ostfront. Über seine politische Ansicht können wir nur spekulieren. Allerdings: Während seiner Abwesenheit und nach seinem Tod, hatte sein Vater seine Arbeit in der Evangelischen Pfarrgemeinde Braunau übernommen. Albrecht Herz war eigentlich Pfarrer in der Sächsischen Landeskirche, von dieser aber zumindest beurlaubt, wenn nicht gar gefeuert, da er sich klar für die „Bekennende Kirche" ausgesprochen hatte, der innerkirchlichen Opposition zum Nationalsozialismus. Also: Ausgerechnet in der sogenannten „Geburtsstadt des Führers" versah (mindestens) ein Pfarrer seinen Dienst, der offen kritisch zu Hitler stand.

Die Frage nach dem richtigen Weg ist keine Frage der Konfession oder der politischen Gesinnung. Es ist eine Frage, die wir alle immer wieder Gott stellen sollen. Er weiß wie wir es meinen und will uns auf einen guten Weg leiten. Lassen wir uns darauf ein und hören wir auf seine Antwort.

Himmelfahrt, 21.05.2020

Wenn ich doch Flügel hätte! Wie eine Taube wollte ich davonfliegen und mich woanders niederlassen. Siehe, weit in die Ferne würde ich fliehen und die Nacht in der Wüste verbringen.

Psalm 55,7-8

In Deutschland wird der Himmelfahrtstag als „Vatertag" begangen. Väter oder solche, die heute mal so tun als wären sie welche, fliegen von daheim aus mit einem Bollerwagen voller Bierkästen. Zwar nicht in die Wüste, aber doch mit ebenso viel Durst, und manche bleiben dann auch über Nacht irgendwo sternhagelvoll liegen ... (heute wegen Corona zwar nicht, aber in all den anderen Jahren ...)

Vielleicht haben auch die Jünger damals geglaubt, dass Jesus von ihnen fortfliegt und sie allein zurücklässt.

Im Psalm möchte der Beter den Nachstellungen seiner Gegner entkommen. Doch Jesus will nicht fliehen, sondern seine Jünger ihren eigenen Weg gehen lassen. *Wie eine Taube* – das erinnert an den Heiligen Geist, der einst „wie eine Taube" auf Jesus bei dessen Taufe herabkam und zu Pfingsten wie ein Sturmbrausen und wie Flammenzungen die Jüngerschaft trösten und begeistern wird. Sie sollen die Botschaft weitertragen. Selbst Verantwortung übernehmen. Erwachsen werden. Zu „Kirchvätern" werden. Dazu brauchen sie keinen Bollerwagen voller Bier ... obwohl es bei einer solchen Aufgabe auch bestimmt nicht schadet! Und das Beste: Jesus ist nicht fort, sondern stets dabei!

Freitag, 22.05.2020

Lasst euch als lebendige Steine zur Gemeinde aufbauen.
Sie ist das Haus, in dem Gottes Geist gegenwärtig ist.

1. Petrusbrief 2,5a

Bei der „Kirchweihe" der Schlosskapelle von Torgau sagte Martin Luther, dass wir eigentlich kein Kirchengebäude bräuchten. Kirche sei da, wo das Evangelium frei und lauter gepredigt würde – das könne auch unter dem Lindenbaum oder an den Elbauen geschehen.

Ähnlich sieht es der 1. Petrusbrief – hier bezieht er sich auf den Tempel in Jerusalem. Solche steinernen Gebäude seien nicht nötig. Christus ist unser Tempel und wir sollen nun für diesen Tempel zu lebendigen Steinen werden. Kein totes und starres Gemäuer, sondern fröhliche Steine, die das Gotteshaus lebendig machen und lebendig halten.

Da wir alle solche lebendigen Steine sind, bringen wir mit unseren Gaben und Talenten, mit unseren Fragen und Ideen, mit unseren Träumen und Vorstellungen wertvolle Farben mit ein. Eine lebendige Bausubstanz, die ein ganz persönliches Gotteshaus bildet. Eine Kirche, die Heimat für alle sein will. Ein Haus Gottes, wo wir Gottes Geist erfahren dürfen.

Dieses Haus bauen wir gemeinsam.

Samstag, 23.05.2020

Und ich sah einen neuen Himmel und eine neue Erde;
denn der erste Himmel und die erste Erde sind vergangen,
und das Meer ist nicht mehr.

Offenbarung des Johannes 21,1

Die „Offenbarung des Johannes" - oder auch griechisch „Apokalypse" genannt - kennen wir im alltäglichen Gebrauch nur als Schreckensbuch. Am Anfang werden die sieben Gemeinden in der heutigen Westtürkei gemaßregelt, dann wird viele Kapitel lang von all den grauenhaften Dingen berichtet, die der Welt und ihren Bewohnern zustoßen werden. Der Großteil der Menschheit stirbt in diesem Buch. So, und jetzt sage ich Euch, dass das eigentlich ein *Trostbuch* sein soll!

Damals (vermutlich im Jahr 92 n. Chr., zur Regierungszeit des Kaisers Domitian) war die Mehrheit der Menschen Heiden, die über die kleine christliche Gemeinde regelmäßig mit Übergriffen, Pogromen und willkürlichen Verhaftungen herfielen. Kaum eine Familie, die keinen Toten oder Inhaftierte zu beklagen hatte. Ihnen schreibt der Gemeindeälteste mit Namen Johannes (nicht mit dem Jünger oder dem Evangelisten oder dem Briefschreiber zu verwechseln) dieses Buch und tröstet sie mit der Gewissheit, dass Gott schon bald all diese bösen Leute ausmerzen wird und nur sie selbst werden vor dem Weltuntergang gerettet werden. Ja, es wird sogar extra für sie eine neue Welt geben.

Damals war diese Vorstellung ein Trost. Später wurde sie zur Drohkulisse, um den Sündern Geld für den Erwerb von Ablassbriefen aus der Tasche zu ziehen. Auch heute verweisen manche Endzeitsekten auf dieses Buch, um uns zu erzählen, dass die Welt „bald" untergehen wird und wir dann alle vor das göttliche Strafgericht vorgeladen werden. Inzwischen ist das Christentum die zahlenmäßig größte Religion der Welt, aber auch wieder die am meisten verfolgte. Etwa 90 % aller, die aus (zumindest vorgeblich) religiösen Motiven heraus bedrängt werden, sind Christen. Und dennoch wünscht sich heute niemand mehr ernsthaft den Weltuntergang herbei.

Wir betrachten alle Menschen als Ebenbild Gottes und deswegen sollte es uns ein Anliegen sein, mit allen Menschen gleich welcher Religion ein friedliches Miteinander zu suchen und zu leben.

Der Seher Johannes weiß aber nicht nur um die Gefahren, die von den *Menschen* ausgehen, sondern auch von denen der Natur: Stürme, Erdbeben und Sturmfluten – deswegen sieht er auch einen „neuen Himmel, eine neue Erde und eine Welt ohne Meer". Gerade letzterem kann ich als Hamburger allerdings gar nichts Positives abgewinnen! Im Film *Knocking on Heavens Door*[10] wird sehr richtig erklärt, dass sich die Engel im Himmel jeden Tag über die Schönheit eines Sonnenuntergangs am Meer unterhalten. Und wer das nie gesehen hat, kann da nicht mitreden und steht deshalb nur dumm, stumm und schweigend daneben.

---

[10] Knockin on Heavens Door, Deutschland 1996. Regie: Thomas Jahn. Darsteller: Til Schweiger, Jan Josef Liefers u.a.

Wie sollte also die Vision, der Traum von einer friedlichen Welt besser formuliert werden?

Ich sehe eine Erde, auf der für alle ein schöner Platz ist;

ein Stück vom Himmel, der allen offensteht;

und einen wunderschönen Sonnenuntergang am Meer, der uns allen die Sprache verschlägt.

Das wäre doch mal ein Traum für uns alle!

20 Relief "Lamm Gottes" an der ev. Erlöserkirche Mauerkirchen. Die 12 Tore stehen für das "neue Jerusalem" nach Offb. 21,12ff (Foto: Jan Lange)

Exaudi, 24.05.2020

Der HERR segne dich und behüte dich; der HERR lasse sein Angesicht leuchten über dir und sei dir gnädig; der HERR hebe sein Angesicht über dich und gebe dir Frieden.

Numeri 6,24-26

Dies ist der sogenannte „Aaronitische Segen" – Aaron ist der Bruder Moses und erster Priester. Martin Luther hatte diesen Segen für den evangelischen Gottesdienst eingeführt und in leicht abgewandelter Form spreche ich meist ihn am Ende des Gottesdienstes. Es ist ein Segens*wunsch*. Segnen kann nur Gott, wir können nur um Segen bitten.

Da, wo in unseren Bibelausgaben von Gott als „der HERR" die Rede ist, steht im hebräischen Text der Name Gottes „Jahwe" – übersetzt: „Er ist da". Dreimal wird in diesem Segenswort die Gegenwart Gottes also mit dem Namen zugesagt. Gott möge uns segnen und behüten. Um dies etwas näher zu erläutern, folgen Metaphern aus dem altorientalischen Königszeremoniell. Wenn das Angesicht des Herrschers wie die Sonne für mich leuchtet, dann zeigt dies, dass er mir wohlgesonnen ist. Immer wieder wird in den Psalmen um Gottes Gnade gebeten trotz der großen Schuld des Beters. Das leuchtende Angesicht sagt mir die Vergebung zu. Wenn ich zum König komme und meine Anliegen vorbringe, dann kann ich an der Reaktion erkennen, ob er mir beisteht oder nicht: Hebt er das Angesicht, so erhört er mich; wendet er seinen Kopf dagegen ab, sollte ich besser zusehen, schleunigst die

Kurve zu kratzen; zusehen, dass ich Land gewinne; mich augenblicklich subtrahieren und es eventuell nochmal zu versuchen, wenn seine Majestät etwas entspannter ist.

Gott, der immer da ist, aber wendet sich nicht ab. Gott nimmt mich an, vergibt mir alle Schuld und hört auf meine Gebete, meine Klagen, Wünsche und meinen Dank. So schenkt er mir seinen Frieden. Das hebräische Wort „Schalom" meint mehr als nur „Abwesenheit von Krieg": Es meint „heil sein", „ganz sein".

In einer Gesellschaft, die von einer starken Persönlichkeit autoritär und absolutistisch geführt wird, bildet Gott den Idealkönig. So sollte ein Herrscher damals agieren. So ein König ist gut für und zu seinem Volk.

Wir haben heutzutage etwas zwiespältige Erfahrungen mit Königen und Kaisern, Führern und Diktatoren. Gott mit einem Alleinherrscher zu vergleichen von dessen Lust und Laune wir abhängig sind, ist ein problematisches Gottesbild.

In dieser Reihe der Abendsegen wünsche ich uns daher lieber den Segen wie ein Dach, das uns vor allen Gefahren da draußen beschützt. Damit der Regen, der Schnee und die Stürme des Lebens uns nichts anhaben können. Ich wünsche uns Gemeinschaft, dass wir uns gegenseitig tragen und beistehen. Ich wünsche uns Mut, dieses Leben zu leben und unsere Ängste zu überwinden.

Und ich stelle mir vor, wie Gott auf seinem Thron sitzt, seinen Bart krault und lächelnd sagt: „Ja, so soll es sein... und jetzt sieh zu, dass Du Land gewinnst ..."

Montag, 25.05.2020

Die Worte des HERRN sind lauter wie Silber,
im Tiegel geschmolzen, geläutert siebenmal.

Psalm 12,7

Der Beter dieses Psalms ist frustriert von seinen Mitmenschen. Er erlebt überall Heuchelei, Wortbruch, falsche Versprechen, worunter vor allem die Armen in der Gesellschaft leiden, da ihnen Unrecht widerfährt.

Dem stellt er die Versprechungen Gottes gegenüber. Auf dessen Worte ist Verlass.

Er vergleicht diese Zusagen mit reinem Silber. Dieses Edelmetall war Zahlungsmittel – und lud deswegen Geldfälscher dazu ein, es mit minderwertigen Metallen und anderen Materialien zu strecken. Um reines Silber zu erhalten, muss es mehrmals geschmolzen werden, und die Schlacke wird davon getrennt. Dies nennt man „läutern."

Dieser Vorgang ist in diesem Gebet siebenmal vorgenommen worden; eine symbolische, heilige Zahl. Sie steht für das Vollkommene. Dieses Silber, diese Worte Gottes sind pures Edelmetall!

Wir kennen das Sprichwort: „Reden ist Silber, Schweigen ist Gold" – ich sehe es hier anders: Wenn die Worte Gottes Silber sind, dann freue ich mich auf seine goldenen Taten! Auf sein „goldenes Händchen", das mich führt, bei allem, was ich anpacken will.

Trost zu spenden ist das eine, den Armen zu helfen, gerade denen, die wegen der Corona-Krise ihre Arbeit verloren haben, das andere.

Dem Krankenhauspersonal und den Pflegekräften zu applaudieren das eine; sich für eine höhere Entlohnung und bessere Arbeitsbedingungen einzusetzen das andere.

Doch Gott hat noch viel Silber und Gold in seinem Tiegel: nämlich uns!

21 Silber-Denar mit Abbild Kaiser Augustus
(Quelle: Wikipedia)

Dienstag, 26.05.2020

Das Wort Gottes ist lebendig und kräftig
und schärfer als jedes zweischneidige Schwert
und dringt durch, bis es scheidet Seele und Geist,
auch Mark und Bein,
und ist ein Richter der Gedanken und Sinne des Herzens.

Hebräerbrief 4,12

Der Hebräerbrief war stets umstritten: Anonym verfasst, an keinen genannten Empfänger gerichtet. Ein vorzügliches Griechisch, aber in der Theologie spielt er mit den Bildern des Alten Testaments. Er wurde (zusammen mit der Johannes-Offenbarung) erst als letztes in jenen Schriftkanon aufgenommen, den wir das „Neue Testament" nennen. Martin Luther vermisste in diesem Schreiben die „rechte evangelische Art" und verbannte ihn deswegen ans Ende der Bibel – zusammen mit dem Jakobusbrief, dem Judasbrief und der Offenbarung.

Der eben gelesene Vers gehört zur Argumentation gegen das Erlahmen des Glaubenseifers innerhalb der Gemeinde dieses Briefschreibers. Er wirbt für den Glauben und droht gleichzeitig allen, die vom Glauben wieder abfallen. Kein Wunder also, dass diesem Lehrschreiben die „rechte evangelische Art" (also die Frohe Botschaft) abgesprochen wurde.

Doch ich entdecke in diesem Vers eine andere Bedeutung für mich: *Das Wort Gottes ist lebendig und kräftig* – gestern hörten wir vom Wort Gottes als wertvollem Silber, aus dem goldene Taten kommen mögen. Hier nun ist es lebendig. Und es ist stark, um diese Taten zu vollbringen.

Es ist dabei schärfer als die damals bekannteste scharfe Klinge. Es ist eine große Hilfe im Kampf gegen den Krieg der Worte, gegen Fake News, gegen falsche Argumente und Reden. Es ist aber auch eine Einladung, in einen Dialog zu treten, da wo Gewalt das Bild beherrscht.

Gott will uns dabei friedliche Worte ans Herz legen, die gleichzeitig die Lügen entlarven und die Welt zu einem besseren Ort machen.

Die Worte „lebendig, kräftig, schärfer" waren 2007 das Motto für den Evangelischen Kirchentag in Köln. Als Logo nahmen sie den christlichen Ichthys, also den Fisch und setzten ihm dazu in orange eine Haiflosse auf den Rücken.

Lebendige, geistlich gestärkte Christenmenschen, die sich nicht vor den Widrigkeiten dieser Welt fürchten, sondern sich einmischen und scharfzüngig Fake News die Stirn bieten.

So wünsche ich mir Gottes Wort und seinen Beistand! Und das ist dann auch die „rechte evangelische Art!"

Mittwoch, 27.05.2020

Befiehl dem HERRN deine Wege und hoffe auf ihn,
er wird's wohlmachen.

Psalm 37,5

22 Paul Gerhard,
Kupferstich 17. Jhd.
(Quelle: Wikipedia)

Diesen Vers hatte der evangelische Theologe und Kirchenlieddichter Paul Gerhard in seinem Lied „Befiehl du deine Wege" durchmeditiert (EG 361, GL 418). Heute ist sein Gedenktag, da er am 27. Mai 1676 starb (nach dem julianischen Kalender, unser gebräuchliche gregorianische wurde in den evangelischen Landen erst am 1. März 1700 eingeführt). Es ist ein für seine Verhältnisse kurzes Lied: „Nur" 12 Strophen. Eine für jedes Wort dieses Psalmverses. Fünf Jahre nach dem Ende des 30jährigen Kriegs, der ihn als Jugendlichen zur Vollwaise machte, fasst er großes Vertrauen und Zuversicht in Gott, der sich unserer Wege annimmt.

Er hätte allen Grund gehabt, an Gott zu zweifeln und seinen Weg ganz ohne ihn zu gehen. Doch drücken seine Lieder eine ganz besondere Frömmigkeit aus, kein trotziges „Dennoch", sondern hoffnungsvoll ergeben. Häufig allerdings auch etwas kitschig.

Doch wenn er schon trotz des 30jährigen Kriegs mit all seinen Begleiterscheinungen wie Hunger und Seuchen so zuversichtlich vertrauen und glauben konnte, dann können wir es heute auch. Was auch auf uns zukommen mag: *er wird's wohlmachen.*

---

1. **Befiehl** *du deine Wege und was dein Herze kränkt*
der allertreusten Pflege des, der den Himmel lenkt.
Der Wolken, Luft und Winden gibt Wege, Lauf und Bahn,
der wird auch Wege finden, da dein Fuß gehen kann.

2. **Dem Herren** *musst du trauen, wenn dir's soll wohlergehn;*
auf sein Werk musst du schauen, wenn dein Werk soll bestehn.
Mit Sorgen und mit Grämen und mit selbsteigner Pein
lässt Gott sich gar nichts nehmen, es muss erbeten sein.

3. **Dein** *ewge Treu und Gnade, o Vater, weiß und sieht,*
was gut sei oder schade dem sterblichen Geblüt;
und was du dann erlesen, das treibst du, starker Held,
und bringst zum Stand und Wesen, was deinem Rat gefällt.

4. **Weg** *hast du allerwegen, an Mitteln fehlt dir's nicht;*
dein Tun ist lauter Segen, dein Gang ist lauter Licht;
dein Werk kann niemand hindern, dein Arbeit darf nicht ruhn,
wenn du, was deinen Kindern ersprießlich ist, willst tun.

Jedem Wort dieses Psalmvers ist eine Strophe gewidmet.
Paul Gerhardt 1653.

Julianischer vs. Gregorianischer Kalender

Im Jahr 45 v. Chr. führte Julius Cäsar den ägyptischen Kalender im römischen Reich ein. Nach drei Jahren mit 365 Tagen folgt ein Schaltjahr mit einem zusätzlichen Tag im letzten Monat (Februar – das Jahr begann damals mit dem 1. März, siehe die Monatsnamen **Sept**ember (7), **Okto**ber (8), **Nov**ember (9) und **Dez**ember (10) – die römischen Monatsnamen haben sich bis heute erhalten). Allerdings ist auch dieser Kalender nicht präzise. Daher kam es im 16. Jahrhundert zu einer Reform: Beim Gregorianischen Kalender entfällt der Schalttag in den „vollen" Jahrhundertjahren, wenn die Zahl nicht durch 400 teilbar ist. Das war zuletzt 1900 der Fall, das nächste Mal im Jahr 2100. Dieser wurde von Papst Gregor XIII. 1572 eingeführt. Inzwischen lief der julianische Kalender 10 Tage hinterher, weswegen auf den Donnerstag, 4. Oktober gleich Freitag 15. folgte. In dieser Zeit wurde auch der Beginn des Jahres auf den 1. Januar festgelegt.

Allerdings: Die Kriege rund um die Reformation waren noch allen im Gedächtnis. Für die Evangelischen stand fest: Alles, was die Päpste einführen ist böse, vom Teufel und überhaupt!

Es verstrich mehr als ein Jahrhundert, bis man sich mit dem Gedanken anfreunden konnte, dass eventuell, möglicherweise ein übereifriger Engel Rom mal einen kleinen Lichtblick der Weisheit gegönnt haben mag. So wurde dann dieser Kalender „neuen Stils" am 1. März 1700 auch in den evangelischen Landen des Heiligen Römischen Reichs Deutscher Nation eingeführt.

Der Julianische wird heute noch von einigen (hauptsächlich orthodoxen) Kirchen benutzt, weswegen bei denen Weihnachten und Ostern nun 13 Tage nach unseren Festen gefeiert wird.

Donnerstag, 28.05.2020

Meine Seele ist stille zu Gott, der mir hilft.

Psalm 62,2

Mal ehrlich: Wer ist „stille" zu Gott? Manche beten zu ihm und schütten ihr Herz aus, möchten Gott um dieses oder jenes bitten. Oder sie danken Gott für dieses oder jenes, sprechen oder singen einen Lobpreis aus. Die meisten allerdings ignorieren ihn. Aber „stille"?

Auch der Beter dieses Psalms hört schon im nächsten Vers auf, „still" zu sein – allerdings plappert er nicht zu Gott, sondern zu seinen Widersachern, zu jenen die ihm seine Stellung neiden, ihn verleumden. Er macht deutlich, dass er sich auf Gott verlassen kann, Gott wird ihn beschützen und von allen Vorwürfen reinwaschen. Er kann sich also entspannt zurücklehnen und sich ganz Gott anvertrauen.

Ich finde es beruhigend, dass es nicht immer an mir liegt, ein passendes Gebet zu formulieren oder Gott in den Ohren zu liegen mit allem, was mich belastet. Ich darf auch einmal die Füße hochlegen, ganz still sein und Gott zuzwinkern und wissen:

Er ist für mich da und legt seinen Arm um mich.

Freitag, 29.05.2020

Gott hat uns nicht gegeben den Geist der Furcht,
sondern der Kraft und der Liebe und der Besonnenheit.

2. Timotheusbrief 1,7

Ich stelle mir bei diesem Vers immer wieder eine Flasche eines orientalischen Märchens vor: Ich ziehe den Stöpsel und ein Geist kommt heraus. Aber was für einer?

Vor 11 Wochen regierte der „Geist der Furcht": Wirtschaft und Bildung, Kult und Kultur, Spaß und Freizeit wurden aus dem öffentlichen Leben verbannt und ins Internet gereicht. Diese Furcht war aber sehr berechtigt. Wir kannten die Bilder aus China und sahen nun auch, dass das Virus seinen Weg zu uns gefunden hat, und wir dem nichts entgegenstellen konnten.

Doch wie sollen wir reagieren? Jener Paulusschüler, der uns den „2. Timotheusbrief" überliefert, ermutigt uns zur Kraft, zur Liebe und zur Besonnenheit.

Kraft, diese Zeit durchzustehen. Sie scheint nun fast überwunden, doch wissen wir auch, dass noch viel vor uns liegt, und die Zahlen der Infektionen wieder in die Höhe schnellen können.

Liebe, um auf diejenigen Rücksicht zu nehmen, die selbst zu schwach sind und daher im Falle einer Infektion mit schwerwiegenden Krankheitsverläufen, vielleicht gar mit dem Tod rechnen müssen. Liebe aber auch zu jenen, die wirtschaftlich unter dieser Situation leiden.

Besonnenheit, um nun verantwortungsvoll den Betrieb wieder hochzufahren. Die wieder erlangte Freiheit genießen, und das Leben wieder zu gestalten, ohne dabei übermütig zu werden.

Wenn wir heute eine Flasche öffnen und den Geist darin befreien, so hoffe ich auf einen, der mir sagt: „Keine Angst, deine Wünsche und Sorgen sind bei mir gut aufgehoben!"

23 Welcher Geist wohnt in dieser Flasche? (Foto: Jan Lange)

Samstag, 30.05.2020

Tröstet, tröstet mein Volk!, spricht euer Gott.

Jesaja 40,1

Zweimal stieg Mose auf den Berg Sinai: Beim ersten Mal sprach Gott zu ihm aus dem brennenden Dornbusch: „Steig hinab und führe *mein* Volk aus Ägypten." Beim zweiten Mal bekam Mose mehrere Gebote und Gesetze und schließlich den Auftrag: „Steig hinab, denn *dein* Volk, das Du aus Ägypten geführt hast, tanzt gerade um ein goldenes Kalb."

Kommt vielleicht manchen Familien bekannt vor, ob es nun *meine* Kinder sind oder *deine*.

Bei Jesaja heißt es nun ausdrücklich *mein* Volk. Mit Kapitel 40 beginnt im Jesaja-Buch ein neuer Abschnitt. Der erste Jesaja ist längst gestorben, doch seine düsteren Drohungen sind wahr geworden: Der Tempel und die Hauptstadt Jerusalem wurden zerstört, die Oberschicht nach Babylonien deportiert.[11] Dies wurde als Strafe Gottes für den Ungehorsam des Volkes Israel gedeutet. Nun tritt ein neuer Prophet auf und kündigt die baldige Befreiung aus dem Exil an. Wir kennen seinen Namen nicht, da seine Worte aber so wichtig wurden, dass sie an das Jesaja-Buch angehängt wurden, wird er einfach „der zweite Jesaja" (auf Griechisch: „Deuterojesaja") genannt.[12] Er verkündet seinem Volk, dass die Schuld bezahlt wurde, und prophezeit

---

[11] Siehe „Babylonisches Exil" auf Seite 17.
[12] Wir unterscheiden Protojesaja (Jes 1-39), Deuterojesaja (Jes 40-55) und Tritojesaja (Jes 56-66).

eine Rückkehr in das eigene Land, in das eigene selbstbestimmte Leben.

Corona ist *nicht* unsere Schuld. Keine göttliche Strafe. Und doch wurden auch wir aus unserem Alltag herausgerissen. Unser Leben fremdbestimmt. Viele vertraute, schöne Tätigkeiten oder Begegnungen wurden undurchführbar.

Nun hören wir andere Töne und nach und nach kehren wir in unser Leben zurück. Ab Morgen z. B. beginnen wir wieder mit unseren Gottesdiensten und Veranstaltungen.

Das ist ein Grund zum Feiern! Heben wir also miteinander das Glas und freuen wir uns, dass „bald" dieses Babylonische Exil des Corona-Virus vorbei ist!

Pfingstsonntag, 31.05.2020

*Wisst ihr nicht, dass ihr Gottes Tempel seid
und der Geist Gottes in euch wohnt?*

1. Korintherbrief 3,16

Der Apostel Paulus schreibt diese Worte an die Gemeinde in Korinth als Spaßbremse. Es gab Streitigkeiten über die richtige Auslegung des Evangeliums, und im Prinzip sagt Paulus: „Alle Lehren der Apostel sind richtig – sofern sie mit meinen übereinstimmen! Denn wenn ihr falsche Lehren annehmt, dann verunreinigt ihr den Tempel des Heiligen Geistes!"

Für mich bekommt dieser Vers aber zum Pfingstsonntag eine neue Bedeutung. Heute haben wir das erste Mal wieder einen gemeinsamen Gottesdienst gehalten. Wir sind wie die Jüngerinnen und Jünger in der Pfingstgeschichte aus den eigenen Häusern herausgezogen und haben gemeinsam gefeiert. Frei durchgeatmet. Zum ersten Mal seit vielen Wochen die anderen in dieser Zusammensetzung gesehen. Miteinander gesprochen.

Am Pfingsttag ist der Heilige Geist auf die Jüngerinnen und Jünger herabgefahren und hat ihnen den Mut gegeben, hinauszugehen und frei von ihrem Glauben zu sprechen.

In diesem Paulusvers lese ich, dass der Heilige Geist nicht nur in uns hineingefahren ist, sondern in uns wohnt und uns als seinen Tempel ansieht, wir sind also eine

Wohnstätte Gottes. Der Heilige Geist möchte uns zum Leben ermutigen und zur Mitmenschlichkeit.

Entgegen aller Vorschläge der Spaßbremse Paulus lasst uns daher unseren Leib mit Gutem füllen, auf dass sich der Heilige Geist in uns wohl fühlt!

24 Schoko-Pfingstfeuerzungen

Im Dezember gibt es Schoko-Nikolos und zu Ostern Schokohasen. Aber zu Pfingsten? Exklusiv bei mir gibt es kleine Schokoriegel mit Mutmach-Sprüchen auf Feuerzungen.

25 Pfingstmontag in Hochburg-Ach (Foto: Ursula Schwaninger)

Dem Wetter und der Pfingstgeschichte gebührend fand unser Pfingstgottesdienst in Hochburg-Ach in kleiner Runde als Open-Air-Gottesdienst statt.

Erst vor wenigen Tagen wurde die Masken-Pflicht und die 10 m²-Regel aufgehoben.

Damit ist das neue „5. Gebot" (siehe Abendsegen vom Pfingstmontag) bereits zurückgenommen.

Pfingstmontag, 01.06.2020

Da wir nun wieder „normale" Gottesdienste feiern dürfen, und ab sofort alle Schüler wieder zur Schule gehen, kommt heute der letzte Abendsegen.
Hoffen wir, dass wir eine solche Zeit nicht noch einmal durchleben müssen.

Als Abschluss und Übergang möchte ich heute jene „neuen 10 Gebote der Kirche" verlesen, die der Norddeutsche Rundfunk neulich für die Gottesdienste veröffentlichte:[13]

1. Du sollst nicht sitzen auf dem Platz neben deinem Nächsten!
2. Du sollst nicht schütteln deines Nächsten Hand!
3. Du sollst keinen Eingang neben dem Haupttor haben!
4. Du sollst deine Hände reinigen!
5. Du sollst tragen eine Mund-Nase-Bedeckung!
6. Du sollst nicht anstimmen lange Lieder!
7. Du sollst nicht berühren des Geistlichen Hand!
8. Du sollst deine Spende nur am Ausgang entrichten!
9. Du sollst keine Gottesdienste jenseits der 60 Minuten feiern!
10. Liebe deinen Nächsten – aber komme ihm nicht zu nah!

Hoffen wir, dass wir diese neuen Gebote bald nicht mehr brauchen!

---

[13] Quelle: https://www.ndr.de/wellenord/Gottesdienste-in-Corona-Zeiten-Die-neuen-10-Gebote,zehngebote112.html – aus der Sendung „NDR 1 Welle Nord - 09.05.2020 10:00 Uhr".
Mit freundlicher Genehmigung des NDR 1 Welle Nord abgedruckt.

Verzeichnis der Bibelstellen und Namen

Abbildungsverzeichnis

150 Jahre Evangelische Kirche Braunau am Inn

Die Gemeindechronik.

Anlässlich des 150jährigen Kirchweihjubiläums 2016 erschien unsere neue Gemeindechronik.

Auf 324 farbigen Seiten wird die Geschichte der Evangelischen in Braunau, im Innviertel und in Oberösterreich/Bayern erzählt, einzelne Persönlichkeiten vorgestellt und die Situation der Flüchtlinge nach dem 2. Weltkrieg beschrieben. Autoren: Johann Blum, Claudia Courten, Jan Lange, Günther Ourada, Stefan Ziekel.

Sonderpreis: **25,- Euro** (zzgl. Versandkosten) – statt 28,50 Euro.

Erhältlich im Evangelischen Pfarramt, Kaiserschützenstraße 24, 5280 Braunau am Inn (Österreich), postmaster @ evangbraunau.at

Aktion: Käufer von „Sende dein Licht – der Abendsegen aus Braunau" können die Gemeindechronik zum Vorzugspreis von nur **20,- Euro** (zzgl. Versandkosten) im Pfarramt erhalten. Nur solange Vorrat reicht. Sie sparen knapp 30% !